Cómo manejar los problemas *de un* hijo difícil

De los 2 a los 18 años

Luis Hazel N.

Cómo manejar los problemas *de un* hijo difícil

De los 2 a los 18 años

Editorial Época, S.A. de C.V.
Emperadores 185
Col. Portales
C.P. 03300 México, D. F.

Cómo manejar los problemas de un hijo difícil
Luis Hazel N.

© Editorial Época, S.A. de C.V.
Emperadores No. 185
C.P. 03300 – México, D.F.
E-mail: edesa2004@prodigy.net.mx
Tels: 56049046
56049072

ISBN: 970-627-690-4
978-970-627-690-2

Impreso en México – *Printed in Mexico*

Introducción

No todas las relaciones con los hijos pueden ser iguales. Desgraciadamente, los hijos no están libres de problemas, y algunos de éstos pueden ser lo suficientemente serios como para exigirnos a los padres más de lo que nunca creímos que teníamos que dar a un hijo.

Tener un hijo difícil no debe contemplarse como algo definitivo; un hijo que roba no será indefectiblemente un ladrón, un hijo hiperactivo no es un enfermo. Un adolescente adicto o violento no es un caso perdido.

Puede parecernos que nuestro hijo es problemático, lo que significa, en realidad, que es un chico que se siente mal con él mismo, desvalorizado, incomprendido, o que ni siquiera registra el amor en la mirada de sus padres porque, por algún motivo, no puede rescatar lo positivo, a pesar de los esfuerzos que realicemos.

Como padres podemos no saber cómo relacionarnos con un hijo que tenga un problema en particular, produciendo desencuentros cada vez mayores entre ambos. Hemos estado muy solos en la crianza de nuestros hijos y, generalmente, consultamos al terapeuta cuando ya hay un conflicto grave.

Esperemos que en este libro descubramos algunas pautas que nos permitan evitar conflictos severos.

Es muy importante que como pareja: el padre y la madre, trabajemos en equipo. Debemos tener presente que el matrimonio es una empresa de ambos en la cual se comparten sentimientos, emociones, decisiones y responsabilidades.

Se necesita tener una vida en común equilibrada, paciencia y mucho amor para poder afrontar los problemas que representa un "hijo difícil".

Temperamento

El término <u>temperamento</u> se refiere al componente fisiológico, en gran parte estable y hereditario. Se trata de cualidades que no pueden ser modificadas, pero sí reguladas por el carácter.

El carácter del niño es modelado por el carácter de sus familiares, en un primer momento, también por el efecto de sus vivencias, el ambiente...

Los hijos van conformando su personalidad según van creciendo y el soporte ineludible de la personalidad es el temperamento.

Tipos de temperamento

Dependiente. Propio de niños tímidos. Llevan especialmente mal las separaciones de los seres que quieren, les asustan las novedades, son débiles y miedosos.

Extremadamente sensibles. Lo tienen aquellos niños que se sienten heridos por todo lo que les sucede.

Agresivos. Personas que, la mayoría de las veces, no toleran la frustración.

Moderado. Es el más equilibrado, ya que tiene la mezcla de todos los anteriores.

Control

El temperamento no se ha de combatir sino que hay que adaptarse a él e intentar controlarlo. Para enseñar a nuestro hijo a controlar su temperamento es necesario, además de conocerlo, respetarlo y reforzarlo positivamente cuando consiga la conducta adecuada. Es conveniente tener paciencia y enseñarles técnicas que les ayuden a relajarse en los momentos en que una situación comience a írseles de las manos, para lograr que los hijos ejerzan control sobre las cosas y situaciones y no al revés, que las circunstancia les dominen.

Fases de crecimiento

Los niños pasan por diversas fases de crecimiento a lo largo de su desarrollo. Durante la etapa de los 2 a los 4 años van experimentando una serie de cambios con mucha más rapidez que en el periodo de los 4 a los 6 años.

No sólo cambia su cuerpo, también su forma de pensar, de comportarse y de relacionarse con los demás. Conocer las características propias de los niños ayudará a los padres a comprender la forma de actuar de sus hijos y sus sentimientos en esta edad tan importante, en la que los pequeños empiezan a configurar su personalidad.

Alrededor de los cinco años, los niños comienzan a integrar la realidad en su mundo. Observan aquello que tienen a su alrededor y quieren ponerlo en práctica empleando la imitación y, de esta forma, adquieren conocimientos y habilidades.

Imitación y simulacro

Imitación diferida. Ya no necesita que un objeto o una persona esté presente para poder imitarla, por ejemplo, puede imitar el ladrido de un perro sin que el perro esté delante.

Simulacro. Se puede entender como el "hacer las veces de..." Está muy relacionado con el juego simbólico, en el que el niño se monta sobre una escoba como si ésta fuera un caballo, o simplemente busca situaciones reales y se pone en el lugar de otros (jugar a papás y mamás, a los médicos, a la guerra...)

La imitación es la base del aprendizaje, así el niño va haciéndose partícipe de distintas situaciones y las integra en su conocimiento. La adquisición del lenguaje y su perfeccionamiento va a depender en gran medida de la capacidad de imitación del niño. De esa forma, también aprende a relacionarse con los demás, a vivir en sociedad, a entender la realidad...

Por tanto, es conveniente que se creen situaciones en las que el niño pueda poner en práctica esta capacidad de imitación. De esta manera, si se pretende que el niño aprenda a cruzar un paso de peatones, además de decirle que debe mirar hacia la derecha y hacia la izquierda, hay que realizarlo para que lo vea.

Una vez observado, comprenderá mejor el concepto y lo realizará igual que la persona que le sirve de modelo. Tras haberlo ejercitado en varias ocasiones, el niño lo integrará como una acción natural. Finalmente, hay que señalar que vista la importancia de la imitación, es necesario que las personas que sirven de modelo al niño (padres, familia, profesores…) actúen consecuentemente con lo que pretenden lograr en el niño. Por esta razón, si el objetivo es que el niño sea honrado y no mienta, éste debe observar conductas que promuevan la honradez.

Sólo sabe decir ¡no!

A lo largo de su desarrollo, los hijos experimentan tres momentos básicos en los que se niegan sistemáticamente a aquello que se les dice. Esta negación suele molestar a los padres que se sienten perdidos y no saben cómo reaccionar adecuadamente.

Las tres "etapas del no"

Hacia el año y medio, el niño aprende que gracias al poder de la palabra "no" tiene la posibilidad de evitar algo que le disgusta. Esto está relacionado con la adquisición del lenguaje, ya que el niño está aprendiendo a utilizar las palabras como oposición a algo externo.

Alrededor de los 3 a 4 años, el niño está conformando su personalidad y comienza a tener conciencia de que es una persona que forma parte de la comunidad. Tiene conciencia de la realidad y siente la necesidad de hacerse partícipe en las decisiones que le incumben. Quiere dejar patente que es una persona diferenciada (no es su madre, no es su padre, sino él mismo) y desea que le escuchen.

Por esta razón, se opone a lo que le viene del exterior porque siente que, como persona, también tiene algo que decir y puede y quiere tomar decisiones por sí mismo. De hecho, tiene la capacidad de formar ideas y piensa antes de actuar. Del mismo modo, a esta edad aparece la astucia y el ingenio, por lo que utiliza atajos para conseguir lo que quiere. Uno de estos atajos es el uso del "no" como forma de ser escuchado. Se trata de un paso en el desarrollo de todo niño que le ayuda a cimentar su personalidad.

En el inicio de la pubertad, es cuando se da el tercer momento básico. Se caracteriza por la oposición y la rebeldía frente a lo establecido.

Orientaciones para los padres

Deben saber que se trata de algo emocional, y que este comportamiento y esta actitud negativa es clave en la formación de la personalidad de todos los niños.

Hay que intentar no perder la paciencia y razonar con el niño. Preguntarle por qué no quiere hacer lo que se le está pidiendo.

Escuchar al niño y hacerle partícipe de situaciones comunes. Por ejemplo, en vez de decirle que durante el fin de semana van a ir a algún sitio, pregúntele qué le gustaría hacer, así le está dando la oportunidad de decidir qué hacer.

No hay que anular la negación, pero es importante que comprenda que cuando se niega a algo esto puede tener repercusiones en los demás y en sí mismo. Por ejemplo, ante la negativa a ducharse, el niño se debe dar cuenta de que la suciedad va a traerle problemas, los demás niños se burlarán de él, será castigado si no lo hace.

Egoísmo

El egocentrismo forma parte del desarrollo emocional del niño de edades comprendidas entre los dos y ocho años, una fase que se caracteriza fundamentalmente por el narcisismo. Es importante que los padres, en su papel de educadores, conozcan las características de esta etapa.

El egocentrismo consiste en la inclinación que tiene el niño para centrar la atención, exclusivamente, sobre sí mismo, sin tener en cuenta lo que sucede a su alrededor. De esta forma, es incapaz de ver otras cosas que no sean sus propios sentimientos y de comprender los sentimientos o pensamientos de otras personas. Ponerse en el lugar de los demás es imposible para él.

A partir de los dos años, el niño comienza a descubrir que es un ser individual con capacidad de tomar decisiones. Sin embargo, es una etapa en la que existen muchas limitaciones, ya que, al carecer de sentido crítico, el pequeño piensa que todo lo que dice, hace o siente está bien.

Esto se debe a que el niño es, por naturaleza, un ser egocéntrico que intenta, a toda costa, ser el centro de atención. En estos momentos va a querer hacer todas las cosas por sí mismo y se va a enojar cuando no le salen bien.

Aunque el niño comienza a jugar con otros de su misma edad tiene muchas dificultades para compartir los juguetes. Es usual que el juego se lleve a cabo junto a otros y no con otros.

Al compartir los juguetes, tiende a acapararlo todo, sin detenerse a pensar que puede compartirlos o que no son suyos.

Esta etapa de egocentrismo emocional se ubica en un estadio pre-convencional: el niño aprende mediante el premio y el castigo, de las consecuencias positivas y negativas de sus acciones y, de esta forma, va adquiriendo sus propios valores. A estas edades son especialmente obedientes a sus figuras de referencia, padres y profesores, y, por ello, consideran que las reglas y normas que imponen los padres son las únicas que existen.

Educar en el carácter

Ayudarle a salir del egocentrismo emocional es clave para que en un futuro los niños lleguen a: compartir, respetar, ser tolerantes y aceptar la diversidad de ideas y sentimientos de los demás.

Para ello, es fundamental dotar a los niños, en el día a día, a la hora de la comida, en el juego, etc., de un saco de virtudes, es decir, de unos valores que le conducirán a desarrollar una personalidad moral: ser justo, autónomo, libre, comprensivo, etc. Puesto que los niños aprenden fundamentalmente mediante la observación, las figuras paternas y los profesores deberán actuar en consonancia.

Curiosidad y cambios afectivos

A partir de los tres años, los niños muestran una insaciable curiosidad, no paran de preguntar el porqué de todas las cosas. Creen que sus padres lo saben todo y que tienen respuestas para todas sus interrogantes. Es un elemento muy positivo en su desarrollo, aunque, a veces, resulta agotador para los adultos.

Preguntas

Los niños preguntan por curiosidad, tienen mucho interés por todo lo que les rodea. Para ellos el mundo es algo que hay que descubrir e investigar. Muchas veces, preguntan para ver si los padres contestan lo mismo que ellos se imaginaban acerca de una cuestión. Lo hacen para confirmar las fantasías que tienen sobre las cosas.

Las cuestiones que plantean los niños varían según su edad. Alrededor del año y medio preguntan continuamente "¿qué es esto?" e interrogan a sus padres sobre todo lo que tienen a su alrededor. Esta actividad constituye un juego para ellos. Es una forma de conocer lo que les rodea, de ampliar su vocabulario y de perfeccionar su lenguaje.

A partir del tercer año, llega la etapa del ¿por qué? Sienten una inmensa curiosidad por saber las causas de todas las cosas, y descubren que la palabra les permite investigar con sólo preguntar a los adultos.

¿Sobre qué suelen preguntar?

La imaginación y la curiosidad infantil son ilimitadas, por lo que pueden hacer preguntas de todo tipo, desde las más lógicas a las más disparatadas. Sus intereses abarcan una gran cantidad de temas: los animales, las máquinas, la naturaleza, el cuerpo humano, sus familiares y muchos otros.

Cambios afectivos

La comprensión de la afectividad infantil es bastante compleja. Hay una especificidad en el modo de sentir así como en el de pensar y actuar respecto a la del adulto, lo cual hay que tener en cuenta. En lo referente a la evolución de la afectividad infantil, se pueden diferenciar cinco primeros estadios:

Nivel reflejo: desde el nacimiento hasta los 2 o 3 meses.

Nivel emocional: desde los 2 o 3 meses hasta los 8 o 9 meses.

Nivel sensoriomotor y proyectivo: desde 1 o 2 años hasta los 2 años 6 meses.

Nivel de representación: desde 1 año y 6 meses hasta los 3 años.

Nivel de personalismo: desde los 3 años hasta los 6 o 7 años.

Hay que decir que los límites de los estadios están admitidos de manera general, por lo que no son exactos. El nivel que aquí ocupa es el de personalismo. Dicho nivel está caracterizado por la construcción afectiva de la persona del niño, la cual se lleva a cabo a través de un proceso continuo.

Tras su descubrimiento como persona, alrededor de los cuatro años, el niño intenta valorarse, hacerse admirar por su exuberancia motriz. Sobre los cinco años entra en una fase de imitación, donde, a través del aprendizaje de los roles, logra conocer las relaciones familiares y situarse dentro de ésta. En realidad, es la persona concreta, actuante y pensante del niño la que se desarrolla a lo largo de este estadio.

La principal tarea de este estadio es la formación de la personalidad del niño, que éste tome conciencia de sí mismo. Su personalidad estaba confundida con las de los demás en el conjunto de relaciones afectivas y en esta etapa se opondrá para ser autónoma. Hay que señalar el papel esencial que tienen las relaciones interpersonales en este estadio. Desde el punto de vista intelectual, el pensamiento del niño en esta etapa es global e indiferenciado. La inteligencia y la actividad permanecen más o menos confundidas.

Orientaciones educativas

A parte de que el educador ayude a despertar y estimular la formación de capacidades, algo muy importante y que también se hace en estadios anteriores, es fundamental que ayude a integrar todas esas capacidades en la personalidad que se está formando.

Otra tarea importante es estimular la iniciativa propia y dirigir todas las capacidades del niño a su consecución, basándose en una autoestima y valoración por los demás positiva. Hay que ayudar al niño a que se dé cuenta de los logros anteriores, para que la autonomía y el sentido moral se asienten sobre ellos.

Sentimientos

El niño, a nivel emocional, experimenta una serie de cambios como consecuencia de su crecimiento, de su interacción con los demás y del proceso de aprendizaje que constituye la base del desarrollo del ser humano como tal.

En estas edades, el niño posee un abanico más amplio de expresión de emociones y sentimientos que en el periodo anterior, un mayor desarrollo del lenguaje y los nuevos acontecimientos que se van dando en su vida van a contribuir a ello.

¡Fin a las rabietas!

Las rabietas tienden a disminuir en frecuencia y en intensidad, adquiriendo un estado emocional más equilibrado, sin llegar a darse cambios anímicos tan volubles como en años anteriores. Esto no significa que puedan surgir conductas negativas; es más, es un período en el que el comportamiento de los padres va a jugar un papel relevante en el aprendizaje de su hijo.

Escuela, miedos y "palabrotas"

En estas edades, el crecimiento no es tan rápido como en las etapas anteriores. Es a los 6 o 7 años cuando el niño va a experimentar un nuevo "estirón". El sistema muscular y nervioso sigue madurando, del mismo modo que la estructura ósea. El cartílago se va convirtiendo poco a poco en hueso y el resto de los huesos se van endureciendo. En esta etapa, la dentadura de leche ya se ha completado y hacia los 6 años empiezan a aparecer los dientes definitivos, concretamente, la primera pieza que sale es un molar.

A los 4 años, el corazón triplica su peso con respecto al que el niño tenía en el momento de nacer. A los 6 años, el encéfalo pesa el triple que el del neonato; a partir de este momento, este órgano crecerá muy poco. Otros órganos y glándulas experimentarán un lento crecimiento, excepto los genitales, que se estacionarán hasta la pubertad.

La nutrición tiene influencia en el crecimiento óseo, ya que las carencias en este ámbito pueden provocar retraso en el desarrollo de los huesos; por ejemplo, una circunferencia craneal menor a la de un niño bien nutrido. También afecta a la evolución de los dientes.

La entrada en la escuela

Durante esta etapa acontecen nuevas experiencias para el niño, como su entrada en la escuela y el contacto diario con otros compañeros. Este inicio dentro del ámbito escolar, a veces, es fuente de ansiedad o de rechazo por algunos niños, los cuales lo exteriorizan con constantes negativas, lloros u otros síntomas. Tanto padres como profesores habrán de cuidar este aspecto para que el proceso sea lo más satisfactorio posible.

Celos

También es posible que surjan los típicos celos producidos por la llegada de un nuevo hermanito, con conductas negativas, incluso un tanto agresivas, como la negación hacia el nuevo miembro de la familia. Pueden darse actitudes más infantiles a las correspondientes con su edad, apareciendo un retraso en el lenguaje, problemas de enurisis, etc. La forma en la que el niño viva esta experiencia contribuirá a definir su conducta futura.

El desarrollo del pensamiento

El niño de esta etapa va entendiendo que las cosas que creía como animadas, y eran sus amigos o compañeros, se transforman en objetos inanimados, sin vida. Esto significa que el niño empieza a ser capaz de ver el mundo de forma más objetiva.

Con este aumento de objetividad adquiere la capacidad de empezar a definir las cosas. Está claro que no van a ser definiciones en toda regla y con un nivel de abstracción excelente, pero sí en función del uso y del material del que está hecho el objeto, etc. Por ejemplo, si se le pregunta "¿qué es una pelota?" puede contestar que "la pelota es para jugar"; o al pedirle que diga "en qué se parecen pera y manzana", podría decir que "las dos se comen".

La facilidad con que el niño olvida sus nuevos puntos de vista sobre las cosas hace que caiga en fáciles contradicciones y se confunda, lo que es normal. A esta edad, la forma de razonar del niño es intuitiva. Lo que hace es trasladar experiencias recientes a cualquier situación o problema que se le presente. Por ejemplo, una niña de 4 años es reprendida por no comer. Su padre le explica que si come mucho crecerá más. La pequeña le pregunta si él también crecerá; cuando su padre le contesta que no, ella le pregunta "¿por qué, si comes mucho?"

Miedos

El miedo es un sentimiento natural que se presenta desde el nacimiento. Por ello, se considera que los miedos, en su justa medida, son fenómenos evolutivos normales y transitorios. El miedo propicia en el niño el desarrollo de su personalidad y maduración afectiva.

Para que el miedo se convierta en un trastorno, tiene que interferir en la vida normal del niño, producir un miedo intenso y hacerle vivir "mal", es decir, que padezca un continuo sufrimiento.

Los miedos infantiles tienen una evolución en función de la edad. A cada etapa se le puede asignar un tipo de miedo concreto.

A los 2 años. El niño tiene miedo a los animales, a los ruidos fuertes y, sobretodo, a la separación de los padres y a lo que sea ajeno a su entorno familiar.

Entre los 3 y 4 años. Los animales, la oscuridad, las personas disfrazadas, el daño corporal, las enfermedades, los fenómenos sobrenaturales (tormenta), la muerte y la separación de los padres son los miedos infantiles más comunes.

Entre los 5 y 6 años. El daño físico, los seres imaginarios, los animales, la oscuridad, la muerte y la separación de los padres se mantienen en estas edades.

Superar los miedos

La familia juega un papel elemental para que el niño supere este tipo de miedos. Ante todo, se debe evitar una actitud sobreprotectora para favorecer la autonomía e independencia del pequeño.

Contar cuentos. Los cuentos son un recurso excelente para conseguir que los niños pierdan el miedo a los personajes ficticios y a los animales. Leerle una historia que sea divertida en la que aparezcan imágenes de animales o personajes irreales contribuye a que supere sus temores.

Un abrazo, darle la mano, un beso... Son muestras de afecto que le ayudan a superar cualquier tipo de miedo, sobre todo, el de la separación de los padres.

Jugar. Es una de las actividades más placenteras de los niños. Pruebe a jugar a la gallinita ciega, a contar las estrellas... De una manera divertida conseguirá superar el miedo a la oscuridad.

"Palabrotas"

Suele ser común que, a partir de los cuatro años, los niños comiencen a utilizar un vocabulario poco adecuado para su edad: las "palabrotas". Éstas son utilizadas por los niños como un simple juego o como arma para llamar la atención de sus padres.

Los niños de esta edad, generalmente desconocen el significado de estas palabras, pero saben que al decirlas producen una reacción en sus padres. Es importante que esta situación no se viva como algo negativo o difícil de superar, aunque sí es necesario seguir ciertas estrategias para lograr un cambio en la forma de hablar de su hijo.

Pautas para los padres

Las palabrotas suelen ser utilizadas para llamar la atención, así que si se ignoran, o no producen ningún efecto en los padres, es posible que desaparezcan.

Si ignorando a su hijo cuando dice palabrotas no desaparece su comportamiento y éste se hace cada vez más repetitivo, dígale las consecuencias de su actitud: "si continúas diciendo esas cosas me voy a enfadar...", "delante de mí no voy a consentir que utilices esas palabras..."

En estos casos, al igual que cuando se comporta mal, hay que hablar con él y explicarle que esa forma de actuar no es adecuada.

Puede explicarle de forma sencilla su significado y el efecto que puede producir en una persona el que le digan esas cosas.

Para que comprenda el efecto de las palabrotas, puede decirle que la gente se siente dolida cuando se utiliza ese tipo de vocabulario.

Hacerle ver que en casa, y cuando usted está presente, no se va a consentir esa actitud.

No hay mejor manera de educar que predicando con el ejemplo. Así que si no quiere que su hijo diga palabrotas, procure no decirlas delante de él.

El valor del dinero

Todos los padres enfrentan problemas de dinero con sus hijos. Existen pasos específicos para ayudar al niño a aprender el verdadero valor del dinero, que debe ganarse con el trabajo, el esfuerzo y que gastarlo implica la necesidad de elegir entre varias opciones.

Alrededor de los 3 años, los niños empiezan a identificar ciertas monedas y la utilidad que éstas tienen. Los niños están listos para aprender los elementos básicos: ahorrar, gastar, ganar y pedir prestado. A medida que el niño madura, se puede agregar mayor información a estos conceptos básicos.

Una de las maneras más eficaces de enseñar a su hijo acerca del dinero es la de hablar directamente sobre el tema con el niño, y sobre la importancia del dinero en muchas de las actividades diarias (comprar en el supermercado, sacar dinero del banco o del cajero...).

Etapas de desarrollo:

Es necesario adecuar la enseñanza sobre la importancia del dinero a la etapa de desarrollo en que se encuentre el niño.

De los 3 a 5 años. Pueden entender la idea de lo valioso del dinero y que es necesario para comprar cosas. Se debe ayudar a los niños a identificar las monedas y las equivalencias entre ellas.

De los 6 a 8 años. Enseñarles a calcular el total de varios artículos, a contar su dinero y a manejarlo en sus propias compras.

De los 9 a 12 años. Aprenden a esta edad que la compra de un artículo no sólo involucra dinero, sino tiempo y esfuerzo por ganarlo. Ellos mismos pueden administrar su dinero.

Iniciativa

En el desarrollo del niño es fundamental que poco a poco vaya sintiéndose más libre y capaz de dirigir sus propias acciones. Promover la iniciativa en los niños supone ser conscientes de que son personas con capacidad de elección y acción. Algunos padres tienden a sobreproteger a sus hijos dándoles todo hecho, lo que impide que se vayan desarrollando como personas autónomas y con confianza en sí mismas.

La aceptación de los niños, una buena autoestima y un adecuado autoconcepto son las bases para educarles como personas capaces de tomar decisiones y guiar sus propias vidas. Fomentar la iniciativa en los niños es apostar por personas que sabrán enfrentarse a situaciones nuevas sin miedo al fracaso, porque habrán comprobado que de los errores se aprende.

Independencia: los padres deben dar la oportunidad a los hijos de ser responsables; por ejemplo, haciendo cosas por sí mismos (dejarles comer y vestirse solos).

Resolver problemas: preguntar a los niños cómo harían algo, retarles con preguntas donde tengan que tomar decisiones... En este sentido, se puede empezar ofreciéndoles dos opciones y, a medida que van creciendo, ir aumentando las posibilidades de acción. Será fundamental que los padres no se muestren sobreprotectores, dándoles libertad de acción, de modo que tengan la ocasión de equivocarse y aprender de ello.

Aportaciones: pedir a los pequeños aportaciones acerca de un tema como es el menú diario, la ropa, el final de un libro o una película, actividades...

Consecuencias: una vez que se deciden a hacer algo, es conveniente hacerles reflexionar acerca de las consecuencias de sus acciones. Para ello se les puede hacer preguntas del tipo: "¿Crees que mamá/papá/tus amigos estarán contentos de que hagas esto? ¿Por qué?"

Guiar pero no darles todo hecho: cuando se pretende que los niños se desarrollen autónomamente, lo más adecuado será mostrarse disponibles ante cualquier dificultad. Sentir el apoyo de los padres les da confianza para seguir adelante en sus pequeños proyectos. Un error frecuente es intentar darles todo hecho, con lo que nunca aprenderán a hacer las cosas por sí mismos. Los padres deben aprender a esperar a que los niños soliciten su ayuda.

Buen ejemplo: los padres son el principal modelo de sus hijos. Si el objetivo es que éstos sean personas capaces de hacer las cosas por sí mismos y de tomar decisiones autónomamente, los padres han de mostrarse como tal, es decir, deben actuar responsablemente, ser capaces de tomar decisiones…

Asimismo, es fundamental que los niños sepan qué se espera de ellos, puesto que conocer esta información les hará sentirse más seguros a la hora de abordar una nueva acción. Los padres han de reconocer el esfuerzo, aun cuando los resultados no hayan sido del todo satisfactorios. Por último, elogiar las buenas acciones ayudará a que los niños sigan dando pequeños pasos hacia su autonomía.

No perder la paciencia

A menudo, los padres llegan agotados tras una dura jornada de trabajo, están cansados y pierden la paciencia ante las travesuras de sus hijos, dando una repuesta desmesurada de la cual muchas veces se arrepienten.

Consejos a seguir

Reducir la ansiedad, identificando las emociones negativas que se sienten.

Cuando se identifica qué se siente, el siguiente paso es no reaccionar "en caliente".

Una vez calmados, es más fácil apreciar el problema y actuar en consecuencia.

Añadir un comentario con buen humor para recuperar el buen ambiente.

Si, a pesar de todo, se ha perdido el control, hay que ser capaz de pedir perdón.

Técnicas de autocontrol

Normalmente dirigidas por un psicólogo especialista en técnicas de control. Este profesional ayudará, a través de orientaciones prácticas y eficaces, en la solución de dichos problemas. Pero sin imponer en ningún momento el tipo de ayuda que se debe recibir, porque cada caso es diferente. Algunas de las técnicas de autocontrol más utilizadas son:

Terapia de la risa. Consiste en la relajación a través de la risa con chistes, bromas, cuentos, situaciones graciosas o simplemente sonrisas; para aliviar situaciones estresantes, molestas o simplemente negativas en la vida de las personas.

Técnicas de respiración. Una de las técnicas de respiración utilizadas es la de contar hasta cuatro lentamente sintiendo cómo se expande la caja torácica. Después, cuando se siente que no se puede inspirar más se intenta respirar un poco más; se mantiene la respiración mientras se cuenta hasta cuatro y, a continuación, se vacían los pulmones lentamente. Su respiración se hará más profunda y segura; centra la mente y calma.

Comportarse en la mesa

Para que los niños, desde edades muy tempranas, aprendan a comportarse a la hora de la comida es conveniente tener en cuenta una serie de aspectos que pueden ser de gran ayuda:

Antes de sentarse a la mesa, los niños deben lavarse las manos.

Sentarse bien en la mesa, sin torcer la espalda para que no se produzcan lesiones de espalda.

Desdoblar la servilleta y ponerla encima de las rodillas para no manchar la ropa.

Se debe comer todo, para crecer de manera adecuada y sanamente.

Las manos y los codos se tienen que poner encima de la mesa, es una norma de educación.

No hay que comer rápido porque puede producir indigestión.

En la mesa se tiene que compartir los alimentos, es decir, ayudar a pasar el pan si la otra persona no llega, la salsa, etc.

No hay que hablar con la boca llena porque es falta de educación con los demás comensales.

No se debe tomar los alimentos con la mano, excepto el pollo, plátano, etc.

El niño no debe levantarse de la mesa sin permiso de los padres.

Al terminar la comida, el niño tiene que dejar los cubiertos encima del palto y llevarlo a la cocina, ayudando a los padres a recoger toda la mesa.

Después de la comida hay que lavarse las manos, la cara y los dientes.

El niño tiene que comprender que la hora de la comida no es una diversión y tiene que aprender las normas de comportamiento que rigen en la sociedad. Todo ello, con base en el modelo educativo que transmiten los padres, a través de su ejemplo.

Mentiras

Se tiende a pensar que los niños mienten con malicia y las mentiras se convierten en un problema para la familia. Sin embargo, las mentiras de los más pequeños (entre dos y cinco años) son consecuencia de que a esta edad no distinguen bien la realidad de la ficción, y no son más que fantasías que quieren compartir con los demás.

Por tanto, los padres no han de preocuparse si los niños narran historias inverosímiles o niegan acciones que sí han cometido, ya que no existe en ellos una intención de engañar. Esto se debe a que son incapaces de prever las consecuencias de sus mentiras, y lo hacen como algo natural, sin el objetivo de sacar ningún provecho ni de evitar castigos.

A partir de esta edad, los niños superan el egocentrismo y son cada vez más capaces de comprender el punto de vista de las otras personas. Así, se hacen una idea de las posibles consecuencias que va a tener decir la verdad, y la mentira empieza a ser utilizada intencionalmente para conseguir algo.

El problema surge cuando se convierte en algo rutinario. Los motivos de las continuas mentiras pueden ser varios:

Falta de autoestima y confianza en sí mismo. Ante todo se debe valorar al niño para que, poco a poco, vaya ganando seguridad.

Llamar la atención. Relacionado con lo anterior, buscan sentirse valorados.

Miedo. El temor a situaciones desagradables, como los castigos, suele ser una de las causas más frecuentes por las que se miente.

Imitación. A menudo, los padres no se dan cuenta de que los niños imitan todo lo que ven. De esta manera, si en casa observan esta conducta, la tomarán como algo normal.

Cuando la mentira se ha convertido en un recurso que los niños utilizan habitualmente, los padres deben fomentar en ellos dos cosas. Por un lado, han de inculcarles el valor de la sinceridad. Por otro lado, para que esto sea posible, se debe crear un clima que invite a confiar en los demás miembros de la familia, mediante una buena comunicación. Es importante también que no se les haga sentir culpables insistiendo sobre ellos con frases como: "¿por qué lo niegas si sé que lo has hecho?" o "¡estás mintiendo!"

Berrinches

Qué padre no ha sufrido los típicos berrinches de su hijo cuando se le antoja algo que no se le da, caramelos por ejemplo. El niño se pone a llorar, más tarde a patalear, y los padres, por no oír al niño y por el apuro que pasan en el caso de estar en un sitio público, le dan lo que pide. Al proceder así, el padre o la madre, lo que le están enseñando es que para conseguir lo que quiere ha de llorar, cuanto más fuerte mejor.

Ignorar la conducta no deseable, en este caso los berrinches, es un método muy eficaz, ya que la atención puede contribuir a su mantenimiento. Sin embargo, es conveniente que antes de llevarla a cabo tenga en cuenta una serie de elementos para que su ejecución sea efectiva y adecuada:

Es un método que requiere un cierto tiempo; por lo tanto, no ha de emplearse en conductas que requieran una eliminación rápida como en el caso de que el niño pegue a otros niños o a sí mismo.

Es muy importante que se sienta usted tranquilo, sereno y mantenga el control de sí mismo en todo momento. De no ser así esta técnica será baldía.

Ante la conducta negativa del niño (berrinche, pataleta, etc.) trate de no mirarle a los ojos, no le hable, no le diga ninguna palabra y, si es necesario, apártese de él para evitar el contacto físico.

Comience ignorando desde el momento en el que va a hacer amagos de ponerse a llorar, etc.

Lo más probable es que, ante su falta de atención, comience a llorar más fuerte. Es muy importante que, ante este aumento de sus lloros, no le preste atención, ya que estaría consiguiendo el objetivo opuesto, reforzar que llore más alto y fuerte.

Cuando el niño termine de llorar, puede, sin hablarle nada de lo ocurrido, comenzar a hacerle caso.

Repita este procedimiento de forma constante cada vez que aparezca la conducta, sin olvidar que no ha de prestarle atención.

Refuerce a su hijo positivamente cuando se porte bien, ayudará a mantener esa conducta positiva.

Manual básico

A medida que el niño crece va asimilando diferentes formas de comportamiento, las cuales están basadas en las pautas marcadas por los padres. El comportamiento que tiene el niño o niña es fruto de la conducta de los padres. Es decir, los padres aplican refuerzos a la conducta de sus hijos. Estos refuerzos pueden ser positivos (premios) o negativos (castigos no físicos). La utilización de este mecanismo supone estimular o inhibir los comportamientos según sean: deseables o no deseables. El refuerzo determina la frecuencia con que se va a presentar el comportamiento del niño.

En la educación infantil, los premios son: el alimento, las demostraciones de cariño, los elogios, los regalos...; y los castigos son: la crítica, el aislamiento... Estos se utilizan según se quiera que el niño considere un acto como bueno y tienda a repetirlo, o malo y tienda a evitarlo.

La tarea de educar es una labor muy difícil, ya que los resultados positivos dependen de si se es consecuente con las normas establecidas. Si no se siguen las normas, el niño se desconcertará y no sabrá cuál es la manera adecuada de actuar. Si se ríe ante una tontería, que, aunque le haga gracia, anteriormente le ha castigado con una mala cara, evidentemente le desconcertará y no sabrá cuál es la forma adecuada de actuar. Al educar a un niño hay que intentar tener tranquilidad y serenidad. El nerviosismo y la ansiedad son detectados rápidamente y provocan un estado de intranquilidad y turbación poco adecuado.

Uno de los grandes problemas surge cuando el niño hace un berrinche, por ejemplo: el niño quiere jugar con un objeto "prohibido"; se le dice que no se le deja jugar, pero el niño insiste y termina llorando. Entonces, para que se calle, le damos el objeto. ¿Qué ha aprendido el niño?, que cuanto más llore más cosas conseguirá. Por este camino llegamos al difícil mundo de los berrinches.

Que se porten bien

Hay situaciones en las que el comportamiento de los hijos merece un castigo. Esto no significa tener que pegarle, hay otras formas efectivas, que a continuación quedarán explicadas. Existe un castigo que sirve para eliminar las conductas inadecuadas y que es muy sencillo de utilizar, pues se trata simplemente de retirarle al niño algo que le agrada. Esto, junto con otros consejos, hace el procedimiento muy eficaz.

Este método consiste en retirarle al niño objetos o actividades que a él le resultan agradables o deseables como: juguetes, ver la televisión, ir a la calle, etc. Para que este procedimiento sea eficaz:

Debe llevarlo a cabo inmediatamente después de que el niño realice la conducta inadecuada. Si le castiga mucho tiempo después, el niño no sabrá qué conducta es la que ha realizado mal y, por lo tanto, la repetirá.

Ha de asegurarse de que el niño posea algo que valore y que se le pueda retirar de forma rápida. A veces, en ambientes como la escuela, se utilizan fichas de puntos, que se van dando al niño cuando se comporta adecuadamente y se retiran cuando no. Estas fichas luego se pueden canjear por: chocolatinas, chicles, ayudar al profesor, borrar la pizarra, etcétera.

Esta técnica también se puede traspasar a la familia, por ejemplo, registrando en una hoja las conductas buenas y, por cada tantas acciones positivas, concederle algo que le guste (material, actividad,...).

Debe explicarle de forma clara y comprensiva cuáles son los motivos por los que se le retira el objeto o la actividad deseada y las consecuencias de ello. Estas consecuencias han de ser proporcionales a la conducta y efectivas.

No debe estar continuamente castigándole, es muy importante reforzar siempre que vea al niño hacer algo bien. Ello puede ser dándole algo que a él le guste: un juguete, caramelos, etc., y diciéndole comentarios como: "qué bien te has portado", "estoy muy contento por tu conducta", "estoy orgulloso por..."

Castigos

Cuando las conductas del niño son altamente negativas y es necesario eliminarlas de forma rápida, el castigo puede resultar una buena herramienta. El empleo del castigo es una práctica muy extendida dentro del ámbito familiar y escolar, aunque no es una de las técnicas más adecuadas para cambiar o mejorar la conducta infantil.

El castigo por sí solo únicamente sirve para eliminar conductas no deseadas y nunca para potenciar la aparición de conductas nuevas deseables.

Aislamiento

Consiste, como su nombre indica, en aislar al niño fuera del espacio en el que está llevando a cabo la conducta a eliminar. Este método no sirve cuando se beneficia el niño, cuando, al sacarle fuera se libra de hacer algo que le desagrada: hacer los deberes, comer algo que no le gusta, etcétera.

El aislamiento debe ir acompañado de premios (reforzadores positivos) y la mayoría de las veces no va a haber necesidad de acudir a castigos más severos.

Pasos a seguir

Llevar al niño después de que se comporte mal a un espacio aislado dentro de la casa y que no le cause miedo, pero sí aburrimiento.

Mientras se le lleva, mantener la calma: no hacer ningún tipo de comentario (insultos, regaños...) e ignorar completamente sus quejas.

Dejarle allí un tiempo corto, no más de un minuto por año del niño.

Cuando se llegue a la habitación en la que va a permanecer el niño, con voz firme se le ha de decir: "Ya que continúas haciendo.... vas a estar aquí hasta que yo te mande salir".

Si, al sacar al niño, se le encuentra rompiendo objetos, chillando, etc., se le debe obligar a recoger todo lo que ha tirado y permanecer un tiempo más (20 segundos aproximadamente).

Es muy importante reforzarle cuando haga bien las cosas: dándole algo que le guste y felicitándole por ello. Así, aprenderá las conductas que debe repetir y las que no.

Control de sus esfínteres

A los niños no se les puede enseñar a controlar sus esfínteres hasta que no están preparados a nivel físico, ya que es necesario una maduración del sistema nervioso.

Horario regular. Es conveniente que observe cuáles son las horas del día en las que su hijo, de forma natural, mancha los pañales. Aproveche esos intervalos de tiempo para enseñarle de forma continuada. Sea constante y hágalo.

Cuando vea que el niño empieza a hacer esfuerzos, siéntele en el orinal (no le impida hacerlo en la taza del baño si quiere), y no le tenga nunca más de cinco minutos. Es muy importante que el niño se sienta cómodo.

Al niño le gusta imitar a los adultos, los cuales actúan como modelos para él. En este sentido, enséñele a tirar de la cadena, bajar la tapa... y no utilice orinales con cabeza de animales, etc., ya que dificultan esa identificación.

No le obligue nunca a sentarse en el orinal por la fuerza, ni le riña. Lo único que conseguirá con un lenguaje agresivo será provocar en el niño angustia y malestar.

Use un lenguaje cálido y afectuoso, muéstrese complacido cuando el niño lleve a cabo su tarea con éxito y sepa tratarle en las ocasiones menos afortunadas.

Nunca le ridiculice cuando se haga pis o caca, ni le compare con lo limpio que es su hermano, etc.; puede provocar que el niño se vuelva retraído, temeroso y se sienta culpable.

Es conveniente que el niño se vaya familiarizando con el orinal. Enséñeselo, incluso, antes de que esté capacitado para usarlo; en el caso de que quiera utilizar más tarde la taza del baño, no se lo impida. Puede ponerle debajo de los pies una sillita pequeña para que se sienta más seguro.

No levante al niño varias veces en la noche para llevarle al baño con el objeto de evitar que moje la cama. Lo único que logrará será dificultar su sueño.

No evite darle agua por la noche cuando se la pida, no es el método más adecuado para solucionar la enuresis.

Este aprendizaje se da de forma gradual, y, a veces, los padres se encuentran con que su hijo llevaba sin hacerse pis bastante tiempo y, de repente, sin más, vuelve a suceder. Esto suele deberse a elementos afectivos: querer llamar la atención o la típica llegada de un hermanito.

Pero, antes de nada, hay que descartar siempre la posibilidad de que sea por un factor físico (alergia a la leche de vaca, etc.).

Es posible que el niño sufra enuresis por la noche, ya que, durante el sueño, no es consciente de lo que sucede, lo que no ha de constituir un elemento de preocupación hasta los cuatro años.

Obediencia

Muchos padres se quejan de que ya no saben qué hacer para que sus hijos les obedezcan, ¡lo han intentado todo! El problema principal de la mayoría de los padres es que nadie les ha enseñado cómo han de educar a los hijos para que éstos se comporten de forma correcta.

Parece que en la mente de todos está la idea de que cuando sean padres van a saber cómo han de tratar a sus hijos, casi como por arte de magia o de forma automática, y nada más lejos de la realidad. Lo mismo que nos preparamos para ejercer una profesión, también necesitamos prepararnos para desempeñar la importante tarea de ser padres. Muchas de las conductas de los hijos van a depender directamente de las de los padres y de cómo se comuniquen con ellos. Lo más probable es que usted, sin querer y de forma inconsciente, esté reforzando y manteniendo esta conducta negativa de su hijo.

Sin contradicciones

Un punto muy importante es que el niño no reciba indicaciones opuestas por parte del padre y de la madre. Es decir, que los padres no se contradigan entre sí a la hora de mandar al niño alguna tarea y a la hora de educarle en general, porque, de esta forma, su hijo se desconcierta y lo más probable es que aproveche la situación y siga los mandatos que más se adecuan a sus intereses o que le resultan más cómodos.

Reforzar las conductas positivas

Es muy importante saber que las conductas que los niños realizan son aprendidas en función de una serie de factores que se dan a lo largo de la relación con sus padres u otras figuras significativas (profesores, abuelos, etc.). El comportamiento del niño depende, básicamente, de las consecuencias que sigan a dichas conductas:

Premios (reforzador positivo). Si tras la realización de una conducta que al niño le resulta desagradable, como puede ser recoger los juguetes, le sigue una consecuencia positiva, como una comida que le guste (chocolate, etc.), es más probable que lleve a cabo esa tarea en ocasiones futuras. Es conveniente que, mientras se le da su chocolate, también se hagan comentarios como: "¡muy bien, estoy orgulloso de tu comportamiento!" (lo que se denominan reforzadores sociales), para que, poco a poco, esos enunciados de reconocimiento sean suficientes para reforzar la conducta del hijo.

Algunos padres piensan que existe una serie de obligaciones que los hijos han de llevar a cabo (estudiar, recoger la habitación, etc.) y que, por ser obligaciones, dan por hecho que no es necesario reconocérselo y felicitarlos por ello. ¡Están equivocados! Todos necesitamos del reconocimiento de los demás, sobre todo, en el caso de los niños.

Retirada de eventos desagradables (reforzador negativo). Cuando al niño, por hacer algo bien, se le premia liberándole de algo que no le gusta: recoger la mesa, tirar la basura, etc., estamos ante un reforzador negativo. También sirve para potenciar conductas.

A veces, los reforzadores no se utilizan de forma adecuada, contribuyendo a mantener conductas negativas de los hijos. En el caso de los berrinches, cuando, por no oír al niño, se le da lo que pide o se le deja hacer lo que quiere, se consigue el efecto contrario: que se ponga a llorar cada vez que quiere algo. Por lo que ha de cuidar el uso que hace de ellos.

Cepillarse los dientes

El consumo de alimentos cariogénicos y también la falta de hábitos adecuados de higiene dental, han incrementado el número de problemas bucodentales de los más pequeños.

La primera visita al dentista se recomienda alrededor de los tres años, lo que no significa que antes no deba cuidarse la salud de los dientes. Además, debe tener en cuenta que dentro de la higiene bucodental entra la necesidad de una alimentación sana.

Alimentación sana

Se puede ir enseñando a los niños la diferencia ente alimentos cariogénicos y alimentos saludables. Con una ficha de dibujos de alimentos sanos y otros perjudiciales, pídale que coloree, rodee, etc., los que son buenos para los dientes. De esta forma, el niño, además de divertirse, aprende.

Pueden utilizar el mismo método de las fichas para que se vaya familiarizando con los instrumentos de limpieza dental. Además, puede enseñarle cómo se usan, para lo cual usted ha de actuar como modelo.

Mientras sea pequeño, necesitará de su ayuda para cepillarse los dientes. Una vez que posea la destreza manual necesaria para hacerlo de forma autónoma, sabrá cómo debe cepillarse.

Pequeños consejos para enseñarles a cepillarse los dientes

Ponga un espejo a la altura del niño para que vea cómo se cepilla.

Muestre cómo se cepilla usted los dientes y luego déjelo que se los cepille a usted si él quiere. Para ellos es un juego y, a la vez, sirve de entrenamiento.

Seleccione un dentífrico con sabor agradable y un cepillo visualmente llamativo, con colores alegres que capten su atención.

Haga comentarios entusiastas, tras un buen cepillado de dientes de su hijo.

Miedo al dentista

A menudo, los niños suelen asustarse de la figura del dentista y todos los instrumentos que le rodean. Es típico ver en la consulta al niño que no quiere entrar, llorando y chillando.

Por ello, es conveniente que su hijo, mientras sea pequeño, le acompañe a usted al dentista: que se siente en la silla, que vea los objetos e instrumentos y que se familiarice con el lugar. De este modo, evitará que surja en él el miedo cuando tenga que realizar su primera consulta.

¿Problemas para dormir?

A medida que el niño madura, se va enfrentando a diferentes situaciones vitales, a nuevos ambientes que no están protegidos por sus padres. Todo esto no lo puede dominar y entra en un conflicto interno que, de día consigue controlar por su actividad física, pero, durante la noche, emerge en su sueño.

Con la edad, los trastornos del sueño desaparecerán. Esto ocurre porque, poco a poco, va asumiendo la realidad y madurando su personalidad. Pero existen factores, más inmediatos, que pueden ayudar a paliar la aparición de los trastornos. A continuación, se muestran unos cuantos consejos muy útiles:

Desgaste físico. El niño que se pasa todo el día en el suelo, no corre, no juega lo suficiente, no se cansa, ni se expande, va nervioso a la cama. En definitiva, no ha podido desgastar toda la energía que le sobra.

Descontrol horario. Ante cualquier motivo que retrase su horario de siesta, de comidas... puede sentir nerviosismo y sobreexcitación. Razón suficiente para no poder dormir y tener un sueño agitado.

Alteraciones somáticas. Cualquier dificultad física, como un problema respiratorio, o la presencia de dolores intestinales... es suficiente para alterar el sueño. Visite al pediatra.

Si, a pesar de tener en cuenta todos estos aspectos, las alteraciones del sueño persisten, se recomienda visitar a un especialista.

Autoridad y disciplina

Tener autoridad, que no autoritarismo, es básico para la educación de nuestros hijos. Debemos marcar límites y objetivos claros que les permitan diferenciar qué está bien y qué está mal, pero uno de los errores más frecuentes de padres y madres es excederse en la tolerancia. Y entonces empiezan los problemas.

Hay que llegar a un equilibrio. ¿Cómo conseguirlo para tener autoridad?

Actuaciones paternas y maternas, a veces llenas de buena voluntad, minan la propia autoridad y hacen que los niños, primero, y los adolescentes, después, no tengan un desarrollo equilibrado y feliz con la consiguiente angustia para los padres.

El padre o la madre que, primero, reconoce no saber qué hacer ante las conductas disruptivas de su pequeño y que, después, siente que ha perdido a su hijo adolescente no puede disfrutar de una buena calidad de vida, por muy bien que le vaya económica, laboral y socialmente, porque ha fracasado en el "negocio" más importante: la educación de sus hijos.

Errores más frecuentes

Estos son los principales errores que, con más frecuencia, debilitan y disminuyen la autoridad de los padres:

La permisividad. Es imposible educar sin intervenir. El niño, cuando nace, no tiene conciencia de lo que es bueno ni de lo que es malo. No sabe si se puede rayar en las paredes o no. Los adultos somos los que hemos de decirle lo que está bien o lo que está mal. El dejar que se ponga de pie encima del sofá porque es pequeño, por miedo a frustrarlo o por comodidad es el principio de una mala educación. Un hijo que hace "fechorías" y su padre no le corrige piensa que es porque su padre ni lo estima ni lo valora.

Ceder después de decir no. Una vez que usted se ha decidido a actuar, la primera regla de oro a respetar es la del no. El no es innegociable. Nunca se puede negociar el no y, perdone que insista, negociarlo es el error más frecuente y que más daño hace a los niños. Cuando usted vaya a decir no a su hijo, piénselo bien, porque no hay marcha atrás. Si usted le ha dicho a su hijo que hoy no verá la televisión, porque ayer estuvo más tiempo del que debía y no hizo los deberes, su hijo no puede ver la televisión aunque le pida de rodillas y por favor, con cara suplicante, llena de pena, otra oportunidad. Hay niños tan entrenados en esta parodia que podrían enseñar mucho a las estrellas del cine y del teatro.

En cambio, el sí, sí se puede negociar. Si usted piensa que el niño puede ver la televisión esa tarde, negocie con él qué programa y cuánto tiempo.

El autoritarismo. Es el otro extremo del mismo palo que la permisividad. Es intentar que el niño haga todo lo que el padre quiere anulándole su personalidad. El autoritarismo sólo persigue la obediencia por la obediencia. Su objetivo no es una persona equilibrada y con capacidad de autodominio, sino hacer una persona sumisa, esclavo sin iniciativa, que haga todo lo que dice el adulto. Es tan negativo para la educación como la permisividad.

Falta de coherencia. Ya hemos dicho que los niños han de tener referentes y límites estables. Las reacciones del padre/madre han de ser siempre dentro de una misma línea ante los mismos hechos. Nuestro estado de ánimo ha de influir lo menos posible en la importancia que se da a los hechos. Si hoy está mal rayar en la pared, mañana, también.

Igualmente, es fundamental la coherencia entre el padre y la madre. Si el padre le dice a su hijo que se ha de comer con los cubiertos, la madre le ha de apoyar y viceversa. No debe caer en la trampa de: "Déjalo que coma como quiera, lo importante es que coma".

Gritar. Perder los estribos. A veces, es difícil no perderlos. De hecho, todo educador sincero reconoce haberlos perdido alguna vez en mayor o menor medida. Perder los estribos supone un abuso de la fuerza que conlleva una humillación y un deterioro de la autoestima para el niño. Además, a todo se acostumbra uno; el niño, también, a los gritos, a los que cada vez hace menos caso: Perro ladrador, poco mordedor. Al final, para que el niño hiciera caso, habría que gritar tanto que ninguna garganta humana está concebida para alcanzar la potencia de grito necesaria para que el niño reaccionase.

Gritar conlleva un gran peligro inherente. Cuando los gritos no dan resultado, la ira del adulto puede pasar fácilmente al insulto, la humillación e, incluso, los malos tratos psíquicos y físicos, lo cual es muy grave. Nunca debemos llegar a este extremo. Si los padres se sienten desbordados, deben pedir ayuda: tutores, psicólogos, escuelas de padres...

No cumplir las promesas ni las amenazas. El niño aprende muy pronto que cuanto más prometen o amenazan sus padres menos cumplen lo que dicen. Cada promesa o amenaza no cumplida es un jirón de autoridad que se queda por el camino. Las promesas y amenazas deber ser realistas, es decir, fáciles de aplicar. Un día sin televisión o sin salir, es posible. Un mes es imposible.

No negociar. No negociar nunca implica rigidez e inflexibilidad. Supone autoritarismo y abuso de poder y, por lo tanto, incomunicación. Un camino ideal para que en la adolescencia se rompan las relaciones entre los padres y los hijos.

No escuchar. Unos buenos padres son los que escuchan a su hijo aunque estén hablando por teléfono. Muchos padres se quejan de que sus hijos no los escuchan. Y el problema es que ellos no han escuchado nunca a sus hijos. Los han juzgado, evaluado y les han dicho lo que habían de hacer, pero escuchar... nunca.

Exigir éxitos inmediatos. Con frecuencia, los padres tienen poca paciencia con sus hijos. Querrían que fueran los mejores... ¡ya! Con los hijos olvidan que nadie ha nacido enseñado. Y todo requiere un periodo de aprendizaje con sus correspondientes errores. Esto que admiten en los demás no pueden soportarlo cuando se trata de sus hijos, en los que sólo ven las cosas negativas y que, lógicamente, "para que el niño aprenda" se las repiten una y otra vez.

Sin embargo, una vez que sabemos lo que hemos de evitar, algunos consejos y "trucos" sencillos pueden aligerar este problema, ofrecer un desarrollo equilibrado a los hijos y proporcionar paz a las personas y al hogar. Estos consejos sólo requieren, por un lado, el convencimiento de que son efectivos y, por otro, llevarlos a la práctica de manera constante y coherente.

Algunas de estas técnicas ya han sido comentadas al hablar de los errores, y ya no insistiré en ellas. Nos limitaremos a enunciar brevemente actuaciones concretas y positivas que ayudan a tener prestigio y autoridad positiva ante los hijos:

Objetivos claros. Es la primera condición sin la cual podemos dar muchos palos de ciego. Estos objetivos han de ser pocos, formulados y compartidos por la pareja, de tal manera que los dos se sientan comprometidos con el fin que persiguen. Requieren tiempo de comentario, incluso, a veces, papel y lápiz para precisarlos y no olvidarlos. Además, deben revisarse si sospechamos que los hemos olvidado o ya se han quedado desfasados por la edad del niño o las circunstancias familiares.

Enseñar con claridad. Al niño no le vale decir "sé bueno", "pórtate bien" o "come bien". Estas instrucciones generales no le dicen nada. Lo que sí le vale es darle con cariño instrucciones concretas de cómo se coge el tenedor y el cuchillo, por ejemplo.

Dar tiempo de aprendizaje. Una vez que hemos dado las instrucciones concretas y claras, el niño, las primeras veces que las pone en práctica, necesita atención y apoyo mediante ayudas verbales y físicas, si es necesario. Son cosas nuevas para él y requiere un tiempo y una práctica guiada.

Valorar siempre sus intentos y sus esfuerzos por mejorar, resaltando lo que hace bien y pasando por alto lo que hace mal. Pensemos que lo que le sale mal no es por fastidiarnos, sino porque está en proceso de aprendizaje. Al niño, como al adulto, le encanta tener éxito y que se lo reconozcan.

Dar ejemplo para tener fuerza moral y prestigio. Sin coherencia entre las palabras y los hechos, jamás conseguiremos nada de los hijos. Antes, al contrario, les confundiremos y les defraudaremos. Un padre no puede pedir a su hijo que haga la cama si él no la hace nunca.

Confiar en nuestro hijo. La confianza es una de las palabras clave. La autoridad positiva supone que el niño tenga confianza en los padres. Es muy difícil que esto ocurra si el padre no da ejemplo de confianza en el hijo.

Actuar y huir de los discursos. Una vez que el niño tiene claro cuál ha de ser su actuación, es contraproducente invertir el tiempo en discursos para convencerlo. Los sermones tienen un valor de efectividad igual a cero. Una vez que el niño ya sabe qué ha de hacer, y no lo hace, debemos actuar consecuentemente y aumentará nuestra autoridad.

Reconocer los errores propios. Nadie es perfecto, los padres tampoco. El reconocimiento de un error por parte de los padres da seguridad y tranquilidad al niño y le anima a tomar decisiones aunque se pueda equivocar, porque los errores no son fracasos, sino equivocaciones que nos dicen lo que debemos evitar. Los errores enseñan cuando hay espíritu de superación en la familia.

Todas estas recomendaciones pueden ser muy válidas para tener autoridad positiva o totalmente ineficaces e, incluso, negativas. Todo depende de dos factores, que si son importantes en cualquier actuación humana, en la relación con los hijos son absolutamente imprescindibles: amor y sentido común.

Educar es estimar. El amor hace que las técnicas no conviertan la relación en algo frío, rígido e inflexible y, por lo tanto, superficial y sin valor a largo plazo. El amor supone tomar decisiones que, a veces, son dolorosas a corto plazo para los padres y para los hijos, pero que después son valoradas de tal manera que dejan un buen sabor de boca y un bienestar interior en los hijos y en los padres.

El sentido común es lo que hace que se aplique la técnica adecuada en el momento preciso y con la intensidad apropiada, en función del niño, del adulto y de la situación en concreto. El sentido común nos dice que no debemos matar moscas a cañonazos ni leones con resortera. Un adulto debe tener sentido común para saber si tiene delante una mosca o un león. Si en algún momento tiene dudas, debe buscar ayuda para tener las ideas claras antes de actuar.

Disciplina

Enseñar a un hijo a comportarse de una manera aceptable es una parte esencial de su crianza. La disciplina varía con la edad y no hay una única manera de criar a los niños.

Generalmente, los niños quieren complacer a sus padres. Los padres pueden integran este deseo de complacer a las actividades disciplinarias que les propongan a sus hijos.

Cuando los padres demuestran su alegría y aprobación por algún comportamiento que les gusta, están reforzando el buen comportamiento de su hijo. Cuando los padres demuestran su desaprobación al comportamiento peligroso o desagradable del niño pequeño, tienen mayor posibilidad de éxito cuando el niño sea mayor.

La forma en que el padre corrige el mal comportamiento del niño o adolescente es muy importante para el hijo. El padre no puede ser tan estricto que el niño o el adolescente no sienta el amor y la buena intención del padre.

Los niños y adolescentes pueden hacer que sus padres se enfaden. Pero los padres deben tener control sobre sí mismos cuando están enfadados. Aunque un grito de "no" puede atraer la atención de un niño pequeño que está a punto de cruzar la calle, puede conseguir intranquilizar a un bebé que está llorando. Los niños mayores deben saber lo que se espera de ellos. Los padres deben ponerse de acuerdo y deben explicarle claramente las reglas al niño o al adolescente.

En nuestra sociedad existen muchas culturas y maneras de criar a los niños. Cada familia espera un comportamiento diferente de sus hijos.

A un niño se le puede permitir ir y venir cuando quiera, mientras que a otro se le imponen unos horarios fijos para volver a casa cada día. Cuando los padres y los niños no están de acuerdo en estas reglas, deben tener un intercambio de ideas que les permita conocerse mejor. Sin embargo, los padres son los responsables de establecer las reglas y los valores de la familia.

Es más fácil evitar que un comportamiento indeseable empiece que ponerle fin luego.

Es mejor colocar los objetos frágiles o valiosos fuera del alcance de los niños pequeños que castigarlos por romperlos. Los padres deben estimular la curiosidad dirigiéndola hacia actividades tales como hacer rompecabezas, aprender a pintar o leer.

Cambiar el comportamiento del niño puede ayudarle a obtener un mejor dominio de sí mismo, cosa que necesitará para ser más responsable y considerado con otras personas.

El dominio de uno mismo o autocontrol no tiene lugar de repente. Los niños pequeños necesitan que sus padres les guíen y apoyen para comenzar el proceso de aprender a controlarse. El autocontrol acostumbra comenzar alrededor de los seis años. Cuando los padres guían el proceso, el autocontrol aumenta durante los años escolares.

Los adolescentes pueden todavía experimentar y rebelarse, pero la mayor parte de ellos pasa por este período y llega a ser un adulto responsable, especialmente si, desde temprana edad, han experimentado un buen entrenamiento. Las familias transmiten sus métodos de disciplina y sus expectativas a los niños de generación en generación.

Cuando los intentos por disciplinar a un niño no tienen éxito, puede ser beneficioso consultar con alguien externo a la familia para que ofrezca sugerencias sobre la crianza del niño. Los profesionales especializados en el desarrollo y el comportamiento infantil pueden darnos información acerca de la manera de pensar y de desarrollarse del niño. También pueden sugerir métodos para modificar el comportamiento: con la paciencia de los padres y la ayuda de los profesionales, cuando sea necesario, puede mejorarse el camino para que los niños aprendan lo que la sociedad espera de ellos y lo que ellos pueden esperar de sí mismos.

Agresividad y robo

Nuestro hijo pega a sus compañeros de clase, patalea cuando no obtiene lo que quiere y tiene reacciones violentas. Es un niño agresivo y no sabemos qué hacer con él. Este comportamiento va en aumento y nos preocupa que se convierta en un problema mayor. La conducta agresiva, en la mayoría de los casos, se aprende. Pero si nuestro hijo ha aprendido a ser agresivo también podemos enseñarle a dejar de serlo.

Según han demostrado diferentes estudios, el comportamiento agresivo se aprende, a pesar de que mucha gente opine que es heredado. El modo más frecuente de hacerlo es a través del modelado. Nuestro hijo aprende a comportarse siguiendo modelos de personas o personajes que tienen éxito siendo agresivos. Veamos un ejemplo:

"Es sábado por la mañana. Estamos leyendo el periódico mientras nuestros dos hijos juegan. De repente, uno empieza a llorar porque el otro está cambiando continuamente de canal y no le deja ver la televisión. Al principio, no hacemos caso, pero los gritos nos empiezan a poner nerviosos. Finalmente, nos levantamos y, a gritos, le decimos al hermano que tiene el mando a distancia que pare de cambiar los canales".

Esta respuesta del padre o madre no sólo no soluciona ni evita las conductas agresivas sino que las refuerza. Por un lado, el hijo que grita y llora ha observado que la rabieta le sirve para conseguir ver la televisión. De este modo, le hemos reforzado, es decir, ha relacionado la agresividad con la obtención de lo que quiere conseguir.

Por otro lado, ambos niños pueden ver cómo nuestros gritos (que también son comportamientos agresivos) a nosotros nos han servido para conseguir que se callaran y nos dejaran leer el periódico con tranquilidad. De este modo, han aprendido que siendo agresivos se consigue lo que se desea y es muy probable que en situaciones parecidas se comporten agresivamente, reproduciendo la conducta que han visto en el modelo (nosotros).

Pero no acaba aquí el proceso. Si nuestro hijo tiene celos de un hermano y comprueba que cada vez que le pega, le fastidia o le hace llorar le castigamos o le damos una reprimenda, seguirá siendo agresivo con más frecuencia. ¿Por qué? Nuestro hijo ha aprendido que molestando a su hermano, llama nuestra atención. Poco le importa si le castigamos o no, lo que le interesa es que, en ese momento, estemos pendientes de él y no de su hermano. Así pues, lo que creíamos que era una buena solución para evitar que se volvieran a pelear se ha convertido en todo lo contrario.

Otros modelos que nuestro hijo puede seguir son los que ve en el cine o la televisión. El héroe es el que consigue destruir al "malo". Nuestro hijo quiere ser un héroe y todo aquél que le lleve la contraria será el "malo" al que destruir. La violencia televisiva, como vemos, también juega su papel en el complicado mundo de las conductas agresivas.

Hemos visto que nuestro hijo ha aprendido a ser agresivo. Del mismo modo, podemos hacer que aprenda a comportarse mejor. Los padres podemos elaborar un plan de acción para cambiar la conducta de nuestro hijo.

Nuestro plan de acción

Definir la conducta: debemos pensar y observar cómo se comporta nuestro hijo y qué conducta agresiva es la que queremos cambiar por otra más adecuada.

Cuándo y con quién: anotaremos en qué momentos se muestra agresivo y contra quién descarga su agresividad (padre, madre, hermanos, visitas...). También anotaremos qué ocurre antes de que se comporte inadecuadamente (si el hermano le molesta, si es cuando dan sus dibujos preferidos, etc.).

Qué queremos conseguir: una vez analizada la conducta que necesitamos modificar, debemos marcarnos una meta y establecer un tiempo prudencial para conseguirla. Siempre que intentemos hacer desaparecer un tipo de conducta, pensaremos en una alternativa. Por ejemplo, si lo que pretendemos es que nuestro hijo deje de pegar a su hermano, debemos potenciar que juegue con él y comparta sus juguetes.

Cómo vamos a conseguirlo: hay muchos tipos de estrategias que podemos utilizar, tanto para reforzar la conducta que consideramos correcta, así como para eliminar la conducta inadecuada.

Métodos para reforzar una conducta no agresiva

Premios. Debemos hacer un listado con aquellas recompensas que puedan ser importantes para nuestro hijo. En ocasiones, los halagos, las caricias y las alabanzas son más efectivas que una recompensa material. Premiaremos cada pequeño esfuerzo que haga nuestro hijo encaminado a cambiar su conducta, pero, sobre todo, nunca reforzaremos la conducta que estamos intentando hacer desaparecer.

Sistema de fichas o puntos. Es adecuado cuando nos es imposible premiar inmediatamente a nuestro hijo con algo material. La idea de este "juego" es proponerle ganar una serie de puntos por cada pequeño esfuerzo que haga para conseguir la conducta deseada. Cuando consiga un número determinado de fichas o puntos, obtendrá un premio a cambio, ya sea ir al cine, montar en bicicleta a solas con nosotros, ir a dormir a casa de un amigo o cualquier otra recompensa que pueda incitar al niño a cambiar su conducta.

Por ejemplo, si queremos que deje de pelearse con su hermano tan a menudo, lo premiaremos paso a paso: un punto si no le pega cuando se enfadan, un punto si no lo insulta, un punto si comparte los juguetes con su hermano, etc. No debemos pretender conseguir todo en un día. La primera semana, intentará no pegar tanto a su hermano. La semana siguiente, intentará no insultarlo. No debemos penalizarlo por no conseguir puntos, simplemente no se los daremos. Acompañaremos cada entrega de puntos con frases de halago y reconocimiento.

Contrato. El contrato debe contemplar todos los acuerdos que pactemos con nuestro hijo:

Qué conducta queremos cambiar y cómo esperamos que se comporte.

Cómo y cuando se ganan los puntos o los premios.

Días de la semana en que será vigente el contrato y duración del mismo.

Nuestras firmas y la de nuestro hijo.

Métodos para extinguir la conducta inadecuada

No prestar atención. Cada vez que nuestro hijo se muestre agresivo, llore, patalee, etc., debemos ignorarle. Como ya hemos visto, prestar atención a una conducta agresiva no hace más que reforzarla. Así pues, ignorarla hará que vaya debilitándose hasta desaparecer.

Tiempo fuera. En ocasiones, la conducta de nuestro hijo nos pone demasiado nerviosos y creemos que no va a ser posible ignorarla. Antes de gritar y reforzarla, podemos enviarle a un rincón de la habitación o aislarlo en una habitación para que se calme, siempre con previo aviso. La habitación no debe tener objetos que puedan entretenerle. El tiempo de aislamiento puede oscilar entre los tres minutos y la media hora como máximo, dependiendo de la edad de nuestro hijo.

Reprimenda verbal. Es adecuada con niños pequeños. Nunca debemos gritar, pero sí mostrarnos serios y firmes. Si nos reímos o demostramos que nos podemos dejar convencer por lloros, se transformará en un método ineficaz.

Lo hemos conseguido: transcurrido el tiempo que nos habíamos dado, debemos evaluar cómo ha ido el plan y si hemos logrado el objetivo propuesto. Anotaremos si la conducta incorrecta ha disminuido, si cada vez realiza con mayor frecuencia las conductas deseadas, etcétera.

Un plan de acción no es instantáneo. Modificar la conducta de nuestro hijo no es fácil. Pero, con tiempo, una buena estrategia y el acuerdo en el modo de actuación de los padres u otros educadores de nuestro hijo podemos lograrlo.

Robar

Cuando un niño o adolescente roba, los padres, naturalmente, nos preocupamos. Nos inquietan las causas del comportamiento del niño y nos preguntamos si nuestro hijo o hija es un "delincuente".

Es normal que un niño pequeño tome algo que excite su interés o que le llame la atención. Esto no se puede considerar como robo hasta que el niño sea suficientemente mayor, generalmente de tres a cinco años, y pueda entender que las cosas pertenecen a una persona en particular. Los padres tienen que educar de forma activa a sus niños sobre el derecho a la propiedad y la consideración hacia los demás. Aunque hayan aprendido que robar es malo, los niños mayores y los adolescentes roban por varias razones. Un joven puede robar para tener las mismas cosas que su hermano o hermana, quien, aparentemente, es favorecido con regalos y cariño. Algunas veces, un niño puede robar como muestra de valentía ante sus amigos, o para hacerles regalos y así aumentar su popularidad en la escuela.

Los padres deben preguntarse si el niño ha robado porque necesita recibir mayor atención. En tales casos, el niño puede estar expresando ira o tratando de "cobrárselas" a sus padres, y el objeto robado se convierte en un sustituto del afecto. Los padres deben hacer un esfuerzo y dar más reconocimiento al niño como miembro importante de la familia. Si los padres toman las medidas adecuadas, en la mayoría de los casos, el robo cesa.

Los psiquiatras de niños y adolescentes recomiendan que cuando los padres se den cuenta de que su hijo ha robado:

Ayuden al adolescente a pagar o a devolver el objeto robado.

Digan al niño que robar es malo.

Se aseguren de que el niño no se beneficie del robo bajo ninguna circunstancia.

Eviten sermonearle, pronosticar el mal comportamiento futuro o decir que ahora se le considera un ladrón.

Dejen claro que su comportamiento es totalmente inaceptable dentro de las costumbres familiares y de la comunidad.

Cuando el niño haya pagado o devuelto la mercancía robada, los padres no deben recordar de nuevo el caso, de manera que el niño pueda comenzar "en limpio" otra vez. Si el niño roba persistentemente y los hurtos continúan a pesar de haberse tomado medidas, el comportamiento es, probablemente, resultado de un problema mayor en el desarrollo emocional del niño. Los niños que roban repetidamente tienen dificultad para confiar en los demás y para establecer buenas relaciones con otras personas. En vez de sentirse culpables, ellos culpan a otras personas por su comportamiento, alegando que "ya que ellos se niegan a darme lo que necesito, yo lo tomo". Algunos niños roban por el temor a una dependencia. Desean no tener que depender de nadie, de manera que roban lo que necesitan.

Al tratar a un niño que roba persistentemente, el psiquiatra de niños y adolescentes diagnosticará las razones reales por las que el niño necesita robar y planificará un programa de tratamiento. Algunos aspectos importantes del tratamiento son ayudar al niño para que aprenda a establecer una relación de confianza, además de ayudar a la familia para que apoye al niño en una trayectoria positiva de desarrollo.

Divorcio y alejamiento

El número creciente de divorcios ha dado lugar a un fenómeno bastante reciente: las segundas familias. Y estos nuevos núcleos tienen que hacer frente a muchos retos. Como cualquier otro logro, el desarrollo de buenas relaciones en la nueva familia requiere mucho esfuerzo.

Cada uno de los miembros de estas familias ha experimentado pérdidas y tiene que hacer ajustes bien complicados en su nueva situación. Cuando se forma la segunda familia, sus miembros no tienen un historial común o no tienen el mismo modo de hacer las cosas. Muchas veces, sus creencias son muy diferentes. Además, un niño puede tener la lealtad dividida entre el padre, con quien vive, y la madre, que vive en otro lugar y a quien visita de vez en cuando. Los miembros de la nueva familia combinada necesitan crear vínculos fuertes entre ellos, lo cual pueden hacer de la siguiente manera:

Reconociendo y lamentando lo que han perdido.

Desarrollando nuevas maneras de tomar decisiones en familia.

Fortaleciendo las nuevas relaciones entre padres, padrastros, hijastros y hermanastros.

Ayudándose los unos a los otros.

Manteniendo y fomentando las relaciones originales con los padres naturales.

Aunque estos problemas son difíciles de resolver, la mayor parte de las segundas familias lo consiguen. Las segundas familias utilizan a menudo a abuelos (u otros parientes), grupos de apoyo y otros programas disponibles en la comunidad para que los ayuden con los ajustes. Los padres deben considerar la posibilidad de una evaluación psiquiátrica si alguno de sus hijos manifiesta sentimientos muy fuertes de:

Retraimiento e intentos de luchar él solo con la pérdida.

Sentirse dividido entre los dos padres y las dos familias.

Sentirse aislado por sus sentimientos de culpabilidad, de ira o enojo.

No estar seguro de lo que es correcto.

Sentirse incómodo con cualquier miembro de la familia original o de la nueva familia.

Además, si los padres observan que los síntomas siguientes persisten, deben considerar una evaluación psiquiátrica del niño o de la familia completa:

Si el niño dirige su ira hacia un miembro en particular de la familia o expresa resentimiento contra el padrastro o el padre.

Si uno de los padres sufre mucho estrés y no puede ocuparse de las necesidades crecientes del niño.

Si uno de los padres o padrastros demuestra favoritismo por alguno de los niños.

Si la disciplina del niño se deja en manos de los padres naturales, en vez de incluir también a los padrastros.

Si algunos miembros de la familia dejan de disfrutar de sus actividades normales (por ejemplo, aprender, asistir a la escuela, trabajar, jugar o estar con los amigos y la familia).

La mayor parte de las segundas familias necesitan tiempo para desarrollar sus propias tradiciones y formar nuevas relaciones entre ellos. Pero, desde luego, pueden mantener relaciones emocionales excelentes y duraderas en el matrimonio que pueden ayudar a los niños a desarrollar la autoestima que necesitan para disfrutar de la vida y enfrentar sus desafíos.

Alejamiento

No es ningún descubrimiento afirmar que muchos hijos no obedecen a sus padres. El hecho de que los hijos no hagan caso de las indicaciones de los padres crea en ellos una sensación de impunidad frente a las normas que desorienta completamente su conducta y les priva de la seguridad que da contrastar su manera de actuar con otros criterios externos. Además produce en los padres una frustración y una desesperanza difícilmente compatible con su tarea educativa.

Mandar es dar órdenes, exigir es conseguir que obedezcan las normas, nuestras indicaciones razonables o sus propias decisiones. La exigencia es una disciplina externa que proponemos o acordamos con nuestro hijo con la finalidad de que se transforme en autoexigencia. Si la exigencia es coherente y estable, crea en ellos una sensación de seguridad a la vez que les ayuda a desarrollar determinados hábitos y costumbres que les permitirán enfrentarse a nuevos retos. Por otro lado, si nuestras propuestas van acompañadas de razones, desarrollan aquellas facultades intelectuales que tienen que ver con el pensamiento consecuencial y causal.

Es importante dar preferencia a la exigencia en conductas relacionadas con su trabajo (fundamentalmente los estudios), con la convivencia, con el desarrollo de virtudes personales (reciedumbre, prudencia, sobriedad...) y con los buenos hábitos.

Las estrategias más recomendables para conseguir la obediencia son básicamente las siguientes:

Informar a nuestro hijo acerca de lo que esperamos que haga, cómo debe hacerlo y en qué condiciones. No basta, por ejemplo, decir a nuestra hija de seis años que se ha de portar bien cuando vamos a comer a casa de los tíos. Deberíamos concretar que esperamos que use los cubiertos correctamente y que no se queje de la comida. Y si no le gusta la comida, le podemos ofrecer la alternativa de que pida que le pongan poco.

Motivarlo para que se esfuerce por comportarse como le indicamos. Podemos exponerle aquellas razones que le hagan ver que lo que proponemos es interesante para él, ya sea porque le reporta alguna ventaja a medio plazo, porque con ello nos complacerá o porque no hacerlo así le perjudicará de alguna manera.

Comprobar que ha hecho lo que esperábamos que hiciera. No dar por supuesto que lo hará. Nada hay más desmotivador para nuestros hijos que nuestra falta de atención por sus logros o reveses. No comprobar si lo ha hecho bien significará afirmar que aquello no era muy importante o que él mismo no es muy importante.

Valorar su conducta, es decir, decirle si lo ha hecho bien y demostrar aprecio y agrado por el esfuerzo realizado. Y, en caso de fracaso, mostrar desaprobación por la conducta, aunque no desprecio hacia él. No descartamos los premios o los castigos siempre y cuando sean proporcionados y ajustados al hecho que se quiere alabar o reprender.

Pero esta receta puede resultar ineficaz si no se combina con algunas precauciones y se adapta a las circunstancias. Vale la pena tener presentes algunas de las siguientes recomendaciones:

Exigir pocas cosas y suficientemente espaciadas en el tiempo. Conviene exigir pocas cosas a la vez. Da verdadero vértigo escuchar seguidas todas las indicaciones y mandatos que reciben algunos niños a lo largo de una jornada. Nos gustaría que todo lo hicieran bien y que no se descuidaran en nada. Pero la mayoría de las veces, a fuerza de exigir demasiadas cosas a la vez, no conseguimos nada.

Lo que le pedimos debe estar a su alcance. Hay que asegurarse que aquello que le pedimos a un niño está realmente a su alcance. No debemos perder de vista la etapa evolutiva en la que se encuentra el niño ni sus capacidades en relación con lo que le pedimos. No es adecuado pedirle a un niño de dos años que se haga la cama cada día, ni tampoco proponerle a uno de quince que apruebe todas las asignaturas el próximo trimestre si en el anterior lo ha suspendido casi todo. Vale la pena asegurarse que logrará lo que le proponemos ya que el éxito le animará a perseverar.

Debemos mostrar que confiamos en él. Si demostramos que confiamos en que hará lo que le hemos pedido seguramente lo hará lo mejor que pueda. Es mucho más difícil traicionar la confianza que confirmar la desconfianza.

Decir las cosas con seguridad. Es importante transmitir seguridad a la hora de pedir algo, tanto a través de nuestras palabras como a través de los gestos. El grado de seguridad que tu hijo perciba en lo que le dices, le frenará o le incitará más a desobedecer.

No usar amenazas vanas o premios inalcanzables. Nunca prometer aquello que no se puede cumplir. No hay nada que estimule más la desobediencia de un niño que un castigo que no se cumple o un premio que no se alcanza. Los castigos o premios propuestos han de ser razonables, proporcionados y posibles. En todo caso, si, por error o por falta de autocontrol, hemos amenazado con algo que no es razonable, debemos explicarle las razones por las que hemos decidido cambiar el castigo por otro más razonable. Cuando sea necesario reprenderlo, es muy eficaz mostrar disgusto, pero no ira.

No perder la calma. Es fundamental, aunque requiere cierto entrenamiento, no perder la calma ante las palabras o los hechos de nuestros hijos. La falta de compostura, la perdida del autodominio y los gritos nos ponen en ridículo, y, con ello, nuestra autoridad se derrumba, especialmente si estamos tratando con adolescentes.

Educación débil: hijos con problemas fuertes

Algunas de las características de los hogares que generan problemas en los hijos:

No existen metas, normas ni objetivos claros.

Los padres ceden y admiten lo que no aprueban.

Se guían por sus sentimientos y sus deseos.

No se tolera la incomodidad ni el sufrimiento.

Hay quejas constantes.

Los niños ruegan; los padres conceden.

Los hijos consumen lo que quieren y cuando quieren.

Los padres no dan ejemplo de una vida plena de sentido.

El padre se ausenta, no participa o delega.

Se manejan las vidas de los hijos y se les resuelve todo.

Los padres controlan el tiempo de sus hijos.

No se fomenta el sentido de pertenencia.

No hay conversaciones íntimas.

No se respeta a los demás.

Los padres no son los modelos adecuados.

No tienen aficiones.

Las opiniones y las creencias son superficiales.

Los hijos no tienen interés por aprender.

Los hijos están expuestos a elementos que pueden ayudarlos a crecer o a perjudicar su desarrollo. Uno de esos elementos son las personas que los rodean: padres, parientes, maestros y amigos. Debido a los medios de comunicación, los hijos se ven influidos por demasiada gente, y no siempre de manera positiva.

Por lo general, se piensa que los jóvenes con graves problemas de conducta provienen de hogares muy disfuncionales, rotos o mal constituidos; que son hijos de padres viciosos o totalmente irresponsables, que no les brindaron ninguna clase de amor y cuidado.

Aunque en muchos casos así sucede, hay familias estables, con padres que cuidan y atienden a sus hijos, que no les niegan nada y, sin embargo, se enfrentan a situaciones similares. Generalmente, esto se atribuye a las influencias nocivas.

La mitad de los muchachos con serios problemas provienen de familias disfuncionales; la otra mitad, de familias estables y amorosas, que intentan darle a sus hijos todas las oportunidades de desarrollo que están a su alcance.

Muchos padres ven con alarma que, al crecer sus hijos, el estilo de vida de éstos y su forma de pensar no corresponden a los valores que ellos trataron de inculcarles. Desgraciadamente, esto se refleja con mucha frecuencia en problemas muy fuertes, incluyendo alcoholismo, drogadicción, complicaciones en su vida sexual, en sus estudios y en el trabajo.

Una educación débil puede tener sobre la personalidad efectos nocivos similares a los de los niños de hogares disfuncionales.

Sin embargo, hay muchos padres que han logrado lidiar con las influencias perjudiciales y con las presiones que las malas compañías ejercen sobre los valores personales de sus hijos. Ya se han investigado los factores que determinan el grado de susceptibilidad de los niños para ser afectados negativamente o, por el contrario, aquellos que les conducen a ser hombres y mujeres maduros, responsables y competentes, a pesar de estar inmersos en el mismo ambiente, en el que la falta de valores, la permisividad y la búsqueda continua del placer conducen a tantos a la infelicidad, a experimentar una sexualidad vacía y sin amor, a la violencia y la agresión, al fracaso humano, a la mediocridad, a las adicciones, y a tantos y tantos problemas que hoy afectan a los seres humanos en nuestra sociedad.

Muchos padres fortalecen el carácter de sus hijos para que éstos no sean presa de las malas influencias.

La mayoría de los maestros, consejeros escolares y matrimoniales, terapeutas psicológicos o rehabilitadores de farmacodependientes, que han sido encuestados, destacan que los padres de los chicos con problemas serios no estaban informados o manifestaban ingenuidad en lo referente a las intenciones y la magnitud de las fuerzas negativas que atacan los valores de los adolescentes. Por eso, no hicieron nada, o casi nada, por fortalecer el carácter de sus hijos.

Es difícil pensar que los niños pequeños, encantadores e inocentes, que se dedican a jugar y que requieren tanto cuidado físico e inversión de tiempo, pueden llegar a ser jóvenes o adultos con graves problemas; pero debemos pensarlo así porque las semillas del daño se siembran precisamente en la infancia.

Los padres quisieran ver siempre felices a sus hijos; su afán de protección los lleva a no poder resistir sus lágrimas, penas y desilusiones, y, a veces, a ser poco firmes en su educación.

Olvidan que los niños son egocéntricos y que buscan imponer su voluntad, por muy tierna e inocente que sea su manipulación. Si no se establecen límites, se forman hábitos, y si no se les educa, esas tendencias permanecerán intactas durante toda su vida y los niños no sabrán resistir a sus deseos. Si a eso se suma un medio materialista, que incita aún más esos deseos, los jóvenes estarán indefensos ante las influencias perjudiciales.

La negligencia y la falta de tenacidad en la educación durante los primeros años pueden tener dramáticas consecuencias.

Las estadísticas son alarmantes. Imaginemos un patio de escuela con quinientos niños de ambos sexos jugando alegremente. Si las cosas siguen como hasta ahora:

El 100% estará expuesto a la pornografía y a los efectos que producen en sus relaciones con el otro sexo.

El 70% tendrá relaciones sexuales extramaritales durante su juventud.

El 100% será invitado o presionado a probar las drogas antes de ingresar a la preparatoria o a una carrera profesional.

El 10% tendrá serios problemas de adicción alcohólica o con otras drogas.

El 10 o 20% tendrá problemas psicológicos, principalmente depresión.

De aquellos que padecen depresión o tienen problemas con las drogas, un pequeño grupo se quitará la vida.

El 50% se divorciará, será madre soltera, o tendrá una familia incompleta o disfuncional antes de llegar a los treinta años.

El 60% de ellos dejará de compartir los valores y la filosofía de la vida de sus padres.

Todos estos problemas no aparecen solamente debido a la influencia de las malas compañías: lo que los padres hagan o dejen de hacer en la infancia será un factor determinante para poder ofrecer resistencia a un sistema de vida en el que la dignidad de los hombres y sus valores se consideran ilusiones y convencionalismos. Las presiones de los "amigos" tendrán efecto solamente cuando haya vacíos en el carácter del niño.

Formar el carácter requiere una serie de hábitos que poco a poco adquirirán sentido.

Cómo educarlos

Muchos padres consiguen educar bien a sus hijos, fortalecer su carácter y ayudarlos a enfrentar con éxito las influencias perjudiciales que no pueden evitarse.

El liderazgo de los padres permite que sus hijos tengan a la vista el ejemplo de verdaderos héroes de la vida cotidiana, de guías reales, por lo que, en el fondo, los hijos quedan convencidos de que vale la pena ser como sus padres e imitarlos.

Ese liderazgo auténtico es exigente; requiere congruencia por parte de los padres, sólidas convicciones, un esfuerzo constante por llevar a la práctica lo que dicen y lo que creen, una enorme constancia para formar hábitos positivos en sus hijos, así como una gran cercanía afectiva con ellos.

El auténtico liderazgo de los padres permite la identificación positiva de los hijos con sus progenitores.

El momento en que los padres empiezan a educar es otra de las razones del éxito. Los padres de los niños que llegaron a la madurez con sus valores intactos sin duda ejercieron un liderazgo firme e inteligente desde que sus hijos estaban en edad preescolar; establecieron oportunamente un marco definido de reglas y de disciplina, con lo que consiguieron formar la conciencia y el carácter de sus hijos.

La flexibilidad y la comprensión no están reñidas con las normas y los límites de la convivencia; al contrario, se apoyan y se facilitan mutuamente, además de ayudar a establecer un clima familiar armonioso. La familia no es el ejército: es el ámbito del amor y de la aceptación incondicional, pero es también donde las personas crecen como tales, donde unos a otros se animan a ser mejores.

No hay que esperar a que los niños crezcan para educarlos; los marcos de referencia establecidos en la edad temprana servirán toda la vida.

Otro de los factores determinantes de una buena formación es que los padres tenían una estrategia a largo plazo, un proyecto educativo para sus hijos. Desde que éstos eran pequeños los padres reflexionaron, intentando contestar esta pregunta: "¿Qué clase de hombres y mujeres quiero que sean mis hijos al llegar a su madurez?" "¿Qué necesito hacer ahora para convertir ese proyecto en realidad?"

Y ponían manos a la obra, intentando fomentar hábitos positivos a partir de varias premisas:

Acrecentar el amor familiar y hacia las demás personas, y demostrarlo en la vida cotidiana.

Un sistema de creencias, una recta filosofía de la vida que oriente a ésta.

Esperanza en el futuro (sin visiones ingenuas, pero sin pesimismos) con la confianza de que está bien lo que hacen por educar a sus hijos y de que éstos les responden positivamente.

Capacidad de juzgar con acierto en las grandes cuestiones de la vida y en las pequeñas decisiones, actuando con criterio propio y sin dejarse manipular por lo que opina la mayoría.

Sentido de la responsabilidad y del respeto hacia los demás.

Hábitos de autocontrol sobre todo tipo de deseos y sentimientos.

Desde los primeros años de vida de sus hijos, los padres deben hacer para ellos un proyecto educativo.

Los adolescentes y los jóvenes responsables, autodisciplinados, seguros y con convicciones provienen de hogares con padres que tienen esas características y que, además, se preocuparon de formarles el carácter, conscientes de la subcultura que por todas partes acecha a sus hijos.

Entender a nuestros hijos

Padres e hijos no son iguales en todos los aspectos. La natural dependencia del hijo en relación con la seguridad, el apoyo y la alimentación, otorga a los padres una responsabilidad natural sobre amplias áreas de la vida del hijo.

Los padres que castigan a los hijos que no se comportan como se espera de ellos, no son "malos padres". El castigo sólo es malo cuando:

No sirve para cambiar el comportamiento de un hijo.

Acarrea consecuencias no deseadas para el hijo.

Los padres promueven el sentido de la seguridad en los hijos cuando dicen exactamente lo que pretenden, cuando lo dicen claramente y cuando son coherentes y predecibles en su comportamiento.

Un hijo puede desarrollar su sentido de la responsabilidad sólo cuando se le considera responsable de sus actos. Este sentido de la responsabilidad puede y debe ser enseñado por los padres.

La autoridad paterna no tiene por qué ejercerse de manera abusiva, mezquina, dura o dañina para el hijo. No obstante, la autoridad corresponde a los padres.

La mayor parte de las dificultades entre padres e hijos surgen de la lucha que se establece por disponer de poder y control. Los padres deben saber cómo ganar esta batalla cuando sea necesario, de modo que puedan otorgar poder a sus hijos cuando sea más aconsejable.

Las claves para resolver la mayoría de las dificultades que los padres tienen con sus hijos consisten en establecer unas normas, marcar las consecuencias que se derivan de la ruptura de esas normas y utilizar una disciplina coherente.

Las normas efectivas contribuyen a que el hijo se sienta seguro, de modo que no tenga que comportarse mal.

Un conjunto de normas define cuáles son las relaciones entre los miembros de la familia, ofrece pautas para tomar decisiones y proporciona ideas sobre cómo deben producirse los cambios dentro de la familia. El procedimiento de establecer normas y límites para los hijos no es inamovible, pues deben irse ajustando a las circunstancias cambiantes como el crecimiento físico, la maduración intelectual y afectiva y las nuevas condiciones de la vida familiar. Si en la familia no se produce un proceso semejante, el caos resultará inevitable. Todos sus miembros sentirán inseguridad y ansiedad cuando existan falta de entendimiento y confusión en cuanto al papel que cada uno debe jugar para tener un comportamiento adecuado.

Observar cuidadosamente

La mera presencia de los padres hace que el comportamiento de un hijo no sea realmente el que tendría. Para entender esos "otros" comportamientos debemos ser capaces de observar a los hijos sin que éstos se den cuenta de nuestra presencia. También preguntar a amigos o parientes qué les parece el comportamiento de su hijo. Cuando se observa a un hijo lo que sí hay que evitar es la tendencia a ver únicamente las cosas que hace mal, en lugar de observar su comportamiento general.

Una de las principales dificultades que experimentan los padres cuando observan a sus hijos deriva de sus deseos de intervenir en su comportamiento. Si usted quiere que su hijo se comporte "adecuadamente", recuerde que una intervención desafortunada sólo puede conseguir un comportamiento indeseado.

Analizar las situaciones

En primer lugar, averigüemos cuál es el problema. La mejor manera de definir un problema es identificar un comportamiento que deseemos cambiar.

Una de las tentaciones que más frecuentemente sufren los padres al definir un problema consiste en querer modificar el estado emocional o los sentimientos del hijo. Lo más eficaz, por el contrario, es tratar de modificar el comportamiento. Si se consigue modificar un comportamiento, la mayoría de las veces, cambia también el estado emocional que sustentaba ese comportamiento.

Una vez definido el problema, el paso siguiente será analizarlo. Para hacerlo, necesitamos toda la información que podamos reunir: ¿Cuándo ha surgido? ¿Cuáles son sus consecuencias? ¿Qué parte de él nos corresponde? ¿Cómo reaccionamos? ¿Entendemos por qué reaccionamos de ese modo? ¿Qué nos gustaría hacer? ¿Cómo nos gustaría que se resolviese esta situación por sí sola? Para analizar cada problema, lo más conveniente es que los padres, entre sí o con otra persona, sean capaces de hablar.

Tras analizarlo, el siguiente paso consistirá en considerar las distintas posibilidades para poder resolverlo. Después, convendrá revisar cada una de ellas teniendo en cuenta si somos capaces de hacer lo que cada posibilidad exija, las consecuencias probables que ello pueda tener en el niño y en nosotros mismos, y también si la solución es razonable en cuanto se refiere a tiempo, energía y dinero.

Establecer normas. Las normas deben ser razonables.

Los padres deben asegurarse de poder distinguir cuándo se ha cumplido la norma y cuándo no.

Hay que describir las normas con detalle.

Las normas deben establecer un límite de tiempo.

Debe existir alguna consecuencia prevista si se rompe el cumplimiento de una norma.

Coherencia. La coherencia es una manera de informar al hijo de que los padres piensan realmente lo que dicen. La aplicación coherente de buenas normas promoverá el orden y la disciplina en la familia, dará seguridad y contribuirá a que todos ofrezcan una mejor disposición.

Tomando decisiones. Los padres a los que se les hace tan difícil tomar decisiones respecto a sus hijos no tienen confianza en cómo debe actuarse.

Para ciertos padres, cualquier resultado que no sea una comprensión inmediata y espontánea o una respuesta efectiva a las dificultades, es señal de su incapacidad personal. Esto es una auténtica tontería, nadie ha nacido siendo padre. Por el contrario, ser padre es algo que se aprende.

No resulta sencillo adoptar decisiones sobre cómo proceder con los hijos. Tenemos que hacer lo que podamos con lo que tenemos. Como padre, necesitaremos disponer de tiempo para sentarnos tranquilamente a analizar las dificultades de nuestros hijos y para decidir qué hacer.

Cuando los padres se muestran indecisos en relación con sus hijos, éstos lo perciben y ello afecta a sus sentimientos de seguridad y de bienestar.

Si nos equivocamos al escoger, padres e hijos seguimos juntos y podemos así corregir los errores cometidos en el pasado. Esta voluntad de actuar con decisión, incluso ante la posibilidad de cometer errores, es lo que permite al adulto adquirir cierto grado de confianza, la que, a su vez, le proporcionará la capacidad de corregir sus errores.

Los padres que se muestran indecisos ofrecen a sus hijos una inmejorable oportunidad para ser caprichosos y dominantes, creando un clima de tensión cada vez mayor.

Cuando los padres están además dispuestos a admitir sus errores y a aprender de ellos, también están creando el clima necesario para que los hijos, a su vez, admitan sus propios errores y aprendan de ellos.

¿Padre bueno o un buen padre?

¿Nunca ha oído la historia de algún antepasado, quizá su papá o abuelo, sobre lo difícil que se las vieron cuando se casaron, sin dinero y sin ayuda? Los oímos hablar de ese pasado con un cierto orgullo por salir adelante solos con su valor y la ayuda de su cónyuge.

Son matrimonios muy sólidos, basados en su amor por el otro y en la convicción de que toda empresa que se quiere sacar adelante implica esfuerzo, y no hay empresa más grande ni más difícil que un buen matrimonio. Uno podría pensar que si esas personas vieran a algunas de las parejas que se casan ahora, con la casa puesta, el carro en la puerta, el negocio instalado y toda su vida resuelta, dirían que les tocó la mejor época. Pero nada más lejos de esto.

Los que pasaron por épocas difíciles y salieron adelante no quieren olvidar su pasado, sino, por el contrario, sienten que fue la base que cimentó lo que han logrado, tanto en lo material como en lo espiritual. No queremos decir con esto que fue su mejor etapa, pero sí necesaria. Empezaron solos, con lo que podían en ese momento, sin espejismos, ni subsidios y, aunque esto les causó incomodidades y privaciones, no tomaron una actitud negativa porque sabían que se tenían el uno al otro. Además, le encontraron un sentido a su sufrimiento, palabra inadmisible en nuestros tiempos.

No queremos que nuestros hijos pasen incomodidades. Desde niños los dejamos a la puerta de la escuela para que no caminen, les simplificamos todo para que no batallen y les dejamos muy claro el mensaje: sufrir y batallar no tiene sentido. Después, cuando estos hijos se casan, les queremos resolver hasta el último detalle.

Si no podían vivir más que en un departamentito, no importa, los papás les pueden regalar una casa o un departamento más grande. Si sólo podían tener un carro para los dos, aprendiendo a compartir y a ceder, no hay problema, sus papás les regalan otro para que no se agobien. Por querer hacerles el camino fácil, se lo hacen cada vez más difícil, porque llegará un momento en que papá y mamá ya no estarán allí o, si están, no podrán resolver otros problemas más serios.

Son estos hijos, jugando a casarse, quienes, a la primera dificultad en su matrimonio, deciden mandarlo todo a volar, porque luchar por sacarlo adelante cuesta mucho trabajo y ellos no están acostumbrados a luchar. ¿Para qué?, si todo se les da siempre sin hacer esfuerzo.

La vida es difícil, y, una vez que lo sabemos, entonces deja de serlo. La vida es una serie de problemas. Aceptándolos y resolviéndolos es como crecemos. He ahí la importancia de que nuestros hijos aprendan a resolver sus propios problemas.

Tal vez esté pensando que eso de resolver los problemas de los hijos sólo pasa en las familias acomodadas, que son las únicas que se pueden dar el lujo de mantener otra familia además de la suya. Pero, excluyendo a los que se encuentran en extrema pobreza, se asustaría si supiera cómo ayudan los papás de todo tipo de estratos sociales a sus hijos a no sufrir.

Si estuviéramos conscientes del daño que hacemos a nuestros hijos al leerles el pensamiento y cumplirles todos sus caprichos, estoy seguro de que no lo haríamos. Pero, a veces, sentimos que es nuestro deber y otras veces queremos que tengan todo lo que nosotros no tuvimos.

En una cena, un sacerdote les dijo a los ahí presentes (en su mayoría jóvenes matrimonios de muchachos emprendedores) que les estaban dando a sus hijos demasiadas cosas.

Uno de los presentes le contestó que ellos simplemente querían que sus hijos tuvieran todo lo que ellos nunca pudieron tener. El sacerdote le dijo:

"Ustedes tienen lo que tienen, precisamente por lo que no tuvieron".

Volvemos a lo mismo, estos niños mal acostumbrados son pésimos a la hora de sacrificarse. Y no nos referimos a un gran sacrificio, sino a algo tan simple como ceder en la convivencia diaria.

En un matrimonio, siempre hay prioridades a la hora de comprar algo. ¿De quién serán las prioridades?, ¿de él?, ¿de ella? Si ninguno acostumbra prescindir de lo que le gusta, ¿cómo le harán? En el mejor de los casos, aprenderán a estirar, aflojar y batallar antes de llegar a un acuerdo. Pero, si el egoísmo está tan arraigado que no hay manera, ¿entonces qué?: llega el divorcio, claro, por incompatibilidad de caracteres, y se acabó. Asunto arreglado.

Desgraciadamente, la incompatibilidad de caracteres es nada menos que la imposibilidad de convivir con los demás, sólo que con el cónyuge se nota mucho más, porque allí sí viven juntos. Eso sólo viene del egoísmo, y éste procede de estar acostumbrado a ser el centro de atención, a que la vida gire a su alrededor, y eso, desgraciadamente, se enseña en la casa, en donde se prepara a los matrimonios del futuro. Así que, la próxima vez que su hijo tenga algún problema, ayúdele si quiere, pero no se lo solucione. No lo subestime, le aseguro que saldrá adelante.

Esto será una gran ayuda para su futuro yerno o nuera. Ellos se lo agradecerán.

Hijos difíciles

Existen algunos factores que se consideran protectores en los hijos, susceptibles de ser reforzados para prevenir el desarrollo de este trastorno o, al menos, identificarlo para orientar a los padres y educadores en la forma adecuada de enfrentarlo.

Sentirse querido y aceptado, tener un vínculo seguro e incondicional con los padres. No le diga que dejará de quererlo si no se porta bien. A veces, no se porta bien porque no puede, y no es cierto que usted pueda dejar de quererlo.

Capacidad de controlar sus respuestas ante situaciones que lo estresan. Si aprende a identificar que algo lo puso nervioso, y alguna técnica de autocontrol, como respirar hondo, cerrar los ojos y pensar o contar hasta diez, podrá evitar la respuesta violenta.

Comprensión e imitación de comportamientos parentales que sirvan de ejemplo. Si usted es de los que patean las puertas cuando algo sale mal, no espere mejor conducta de sus hijos.

Habilidad para reconocer y expresar sus sentimientos (como la rabia) verbalmente, dominar sus

emociones y expresarlas apropiadamente. Enséñelo desde pequeño a reconocer y expresar verbalmente cuando está enojado, o feliz, o triste, o cansado.

Capacidad para pedir ayuda a sus padres o maestros, comunicando sus necesidades, deseos y sentimientos. Además de expresar cómo se siente, es bueno que sepa acudir a los adultos que lo cuidan.

Comprensión de los conceptos de causa y consecuencia. El niño debería saber que lo que le pasa es muchas veces causado por lo que él mismo hizo.

Confianza al realizar elecciones. Sin arrepentirse de inmediato.

Interés en el medio social. Si participa e interactúa con los demás, verá reacciones de otros y aprenderá de los ejemplos.

Relaciones positivas con sus padres. Si es feliz por el vínculo, las frustraciones serán menores.

Adaptabilidad al cambio. La vida es cambiante, y los que lo aceptan son más felices.

Capacidad de autocontrol y de esperar o postergar las gratificaciones. Lo que queremos no siempre se concreta de inmediato, es bueno aprender a esperar.

Habilidad para reconocer síntomas somáticos. Si se siente mal y no puede expresarlo, probablemente se enojará.

Factores protectores

Padres sanos, con alta autoestima y sensación de eficacia en su labor como padres. Si los padres se sienten capaces, estarán seguros al fijar límites y establecer normas de conducta.

Amor incondicional hacia los hijos.

Comportamientos modelos (imitables) en su crianza.

Desaprobación clara hacia conductas inaceptables y aprobación de las aceptadas, capacidad para reconocer límites. (Con coherencia en la educación).

Espíritu de grupo en la familia, buena comunicación, padres capaces de escuchar activamente lo que el niño dice.

Familia que fomenta la buena relación con los hermanos. (Si tenemos un niño difícil y lo dejamos oponerse a otro más dócil, será mucho peor su respuesta).

Conocimiento acerca del desarrollo infantil.

Capacidad para pedir ayuda o consejo. (Si la situación nos desborda, alguien podrá orientarnos: el pediatra, la maestra, otros padres que hayan pasado por lo mismo, un psicólogo).

Habilidad para interpretar conductas y responder rápidamente.

Padres con trabajo remunerado. (Los hijos de padres y madres que trabajan tienen menos riesgo de este comportamiento).

Padres que se apoyan y no se desautorizan el uno al otro.

Tiempo estructurado y rutinas respetadas para la comida, el aseo, el sueño, la televisión y el juego.

Actividades sociales y físicas compartidas en el ámbito familiar.

Sugerencias para los padres

Instituya rutinas predecibles para el hijo. (Usted decide, sin consultar al hijo en estas rutinas, sobre qué hacer y cuándo: baño, apagar la televisión, irse a la cama, etc. O sea: usted es el que manda).

Ignore los comportamientos contrarios y las rabietas leves.

Déjelo elegir algo (por ejemplo, la ropa que se quiere poner), pero de ningún modo le permita elegir todo.

Elimine los juguetes que son usados en forma agresiva.

Desapruebe las agresiones entre hermanos.

Reconozca estos llamados de atención como un signo para intervenir.

Evite que se canse exageradamente.

Estimúlelo a que se exprese, escúchelo y enséñelo a que también él lo escuche.

Los hijos se marchan

Es ya lugar común que los padres han de ayudar a sus hijos para que asuman —en la medida que lo va permitiendo su evolución personal— sus responsabilidades, y que deben fortalecer su autonomía ayudándolos a prepararse para vivir de forma independiente.

Esa dedicación tan generosa en esfuerzo, desvelos e, incluso, angustias, cuestionándose a cada momento si lo están haciendo bien, ¿la aplican los padres en su propia autonomía como personas? No son pocos los hijos que, deseosos de independizarse y con posibilidades de hacerlo, se demoran en irse de casa por no causar en sus padres esta penosa sensación de vacío. Y son muchos los padres que, con la mejor voluntad, frenan la libertad de sus hijos y la suya propia, como reacción ante el miedo a la incertidumbre que depara el futuro.

Cuando los hijos deciden dejar el hogar paterno para comenzar a desarrollar un proyecto independiente, muchos padres se preguntan si, una vez los hijos fuera de casa, procede seguir siendo padres como hasta ahora. La respuesta es sencilla: seguirán siéndolo mientras vivan. Al igual que los hijos, aunque formen su propia familia o residan en una vivienda propia. El proceso de emancipación de los padres consiste en superar la sensación de pérdida que genera la marcha de los hijos y en implicarse en las etapas y en la evolución que esa emancipación entraña.

Vida propia

Ciertas relaciones entre padres e hijos son difíciles de abordar, por el fuerte vínculo emocional que les une, por el peso de tantos años de vida en común y por las contradicciones que en unos y otros surgen a la hora de dar el paso de la emancipación.

La tendencia sobreprotectora de algunos padres propicia que los hijos manifiesten dudas a la hora de tomar decisiones y que necesiten apoyo permanente, de acostumbrados que están a la orientación y la incondicional protección de sus padres. Hacer cosas en su lugar, hablar y pensar por ellos, decidir por ellos, proveerles de todo lo que necesitan, no sólo frena la emancipación de los jóvenes sino que, además, refuerza la necesidad que los padres tienen de sus hijos.

Padres e hijos son entidades independientes que hacen juntos una parte del camino, admitiéndose y abordando las situaciones, marcándose límites y objetivos comunes y propios y amándose como partes de una unidad familiar.

Se es padre o madre porque existen los hijos y viceversa. Y el máximo exponente de la emancipación es que padres e hijos dispongan de un territorio propio, de viviendas independientes.

Independencia mutua

La independencia de padres e hijos debe comenzar mientras se comparte hogar. No es una circunstancia inevitable a abordar cuando los hijos se van de casa, debe comenzar cuando llegan al mundo.

El abandono del hogar es un hito importante y, a veces, doloroso, pero no deja de ser una etapa más de la vida. Preparar la independencia de los hijos ha de significar paralelamente hacerlo con la de los padres. Así, fomentar la autonomía de los hijos ha de propiciar la independencia de los propios padres hacia sus hijos. Que valorarán la vida independiente y se esforzarán por alcanzarla en la medida en que sus padres hagan lo mismo por su propia autonomía.

No hay que temer a la independencia, porque si se gestiona bien, no supone ausencia, desvinculación ni abandono. La independencia responsable y consciente proporciona la auténtica libertad, esa que puede habilitar entre padres e hijos un espacio de dependencia deseada y equilibrada, bien distinta de la basada en los lazos de necesidad que mantenemos con quienes nos rodean.

Vive y deja vivir

Practicar el respeto entre hijos y padres supone reconocerse mutuamente ámbitos de libertad, de crecimiento personal y de vida propia. Hay que ir preparando a los hijos para que acepten su independencia con todas las consecuencias. Las obligaciones respecto a los hijos deben ser cada vez menores. Los padres necesitan recuperar esos espacios de libertad que dejaron muchos años a un lado ante la prioridad de sacar adelante a sus hijos, de educarles y ayudarles.

Algunas mujeres se siguen aferrando a su papel de madre para sentirse seguras y útiles, y reprochan a los hijos su desapego y "el pago que recibo tras tantos desvelos". Parece que quisieran seguir manteniendo ese vínculo, ese metafórico cordón umbilical, que frena e, incluso, impide la emancipación no sólo de los hijos sino también de los padres.

En ocasiones, no se trata tanto de conseguir momentos de libertad por parte de los padres, sino de conquistar la libertad interior para poder terminar reconociendo vital y efectivamente lo que enuncia el poema de Gibrán: "Tus hijos no son tus hijos", en el sentido de que ellos deben tener su propia vida y los padres, la suya.

Tipos de padres

Padres desapegados y distantes. Han vivido la relación paterno-filial con cierta frialdad, porque han confiado la educación de sus hijos a instituciones u otras personas desde los primeros años o porque han vivido fundamentalmente para sí mismos. Es una emancipación egoísta que hace que los vínculos entre padres e hijos sean débiles. Estos padres ejercieron desde tan pronto el derecho a la emancipación que abusaron de él.

Padres posesivos y absorbentes. Todo son desvelos y preocupaciones. Los hijos nunca están suficientemente maduros, "siguen siendo unos niños..." En el fondo, subyace la inseguridad de unos padres que necesitan desempeñar ese papel para sentirse bien y para dotar de sentido a su vida. No sólo no se independizan a medida que el hijo crece, sino que frenan la libertad del hijo. Así, sobreviene la crisis cuando el hijo o hija abandona el hogar. Y como no obtienen la recompensa a sus desvelos se quejan: "cría hijos para esto".

Padres razonablemente emancipados. Desde un principio, han entendido que tener hijos significa aceptar un proceso de individualización por ambas partes. El hijo es cada vez más él mismo, más separado de los padres y de los otros hermanos, y los padres son también cada vez más autónomos. Esta actitud respetuosa permite que los hijos crezcan en responsabilidad, fuertes y con capacidad de tomar decisiones. Y que los padres vayan recuperando tanto su identidad como hombre y mujer —y no sólo como padre y madre— como su capacidad de vivir experiencias y actividades al margen de los hijos.

Es necesario que los padres se desarrollen a nivel de pareja y a nivel de personas individuales, con el mismo empeño que pusieron en que sus hijos se convirtieran en seres independientes.

Los padres, cuando los hijos todavía siguen en casa, han de encontrar espacios y tiempo para sí mismos.

Han de comenzar a independizarse de los hijos mucho antes de que se vayan.

Han de mentalizarse a no recibir de sus hijos tanto como ellos les dieron. Si no, vivirán en una decepción permanente.

Independizarse de los hijos, vivir la maternidad o paternidad desde otra perspectiva, es una etapa más del proceso de ser madre o padre.

Esta independencia de los padres no significa dejar de interesarse por lo que ocurre a sus hijos ni renunciar a la relación familiar. Simplemente, es articular un nuevo formato de relación, que cuesta asumir y aplicar pero que permite un desarrollo satisfactorio tanto a padres como a hijos.

Índice

Esta obra se termino de imprimir
en Mayo del 2015 en los
talleres de Offset Efectivo S.A. de C.V.
Plaza del Árbol 7 Col. Dr. Alfonso Ortiz tirado
C.P.09020 México D.F.
Tiro de 1,000 ejemplares más sobrantes